根据十八届四中全会决定中提出的
国家机关"谁执法谁普法"精神最新编写

新闻出版广电
法律知识读本

中国社会科学院法学研究所法治宣传教育与公法研究中心◎组织编写

总顾问：张苏军　　　总主编：陈泽宪

本册主编：艾其来　郑　军

以案释法版

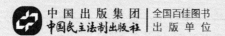

中国出版集团
中国民主法制出版社

全国百佳图书
出版单位

谁执法 谁普法

图书在版编目（CIP）数据

新闻出版广电法律知识读本：以案释法版 / 中国社会科学院法学研究所法治宣传教育与公法研究中心组织编写. -- 北京：中国民主法制出版社，2016.10

（谁执法谁普法系列丛书）

ISBN 978-7-5162-1262-2

Ⅰ.①新… Ⅱ.①中… Ⅲ.①新闻工作－法律－基本知识－中国 ②出版工作－法律－基本知识－中国 ③广播工作－法律－基本知识－中国 ④电影工作－法律－基本知识－中国 ⑤电视工作－法律－基本知识－中国 Ⅳ.①D922.164

中国版本图书馆CIP数据核字（2016）第188596号

责任编辑 / 严月仙
装帧设计 / 郑文娟

书　　名 / 新闻出版广电法律知识读本（以案释法版）
作　　者 / 艾其来　郑　军
出版·发行 / 中国民主法制出版社
社　　址 / 北京市丰台区右安门外玉林里7号（100069）
电　　话 / 010-62152088
传　　真 / 010-62168123
经　　销 / 新华书店
开　　本 / 16开　710mm×1000mm
印　　张 / 11.375
字　　数 / 200千字
版　　本 / 2017年1月第1版　　2017年1月第1次印刷
印　　刷 / 北京精乐翔印刷有限公司

书　　号 / ISBN 978-7-5162-1262-2
定　　价 / 28.00元
出 版 声 明 / 版权所有，侵权必究。

丛书编委会名单

总　顾　问：张苏军

主　　　任：李　林　刘海涛

委　　　员：李　林　陈　甦　陈泽宪　孙宪忠　刘作翔　李明德

　　　　　　王敏远　周汉华　邹海林　莫纪宏　田　禾　熊秋红

　　　　　　张　生　沈　涓　刘海涛　赵卜慧　陈百顺　沙崇凡

　　　　　　艾其来　丛文胜　吴丽华　宋玉珍　陈禄强

办公室主任：莫纪宏　陈百顺

办公室成员：谢增毅　廖　凡　李　忠　李洪雷　陈欣新　陈根发

　　　　　　翟国强　刘小妹　李　霞　戴瑞君　聂秀时　李长涛

　　　　　　邵　波　赵　波　胡俊平　陈　娟　严月仙　罗　卉

　　　　　　张静西　杨　文　刘佳迪　郭槿桉　熊林林　肖术芹

总　序

搞好法治宣传教育
营造良好法治氛围

全面推进依法治国，是坚持和发展中国特色社会主义，努力建设法治中国的必然要求和重要保障，事关党执政兴国、人民幸福安康、国家长治久安。

我们党长期重视依法治国，特别是党的十八大以来，以习近平同志为核心的党中央对全面依法治国作出了重要部署，对法治宣传教育提出了新的更高要求，明确了法治宣传教育的基本定位、重大任务和重要措施。十八届三中全会要求"健全社会普法教育机制"；十八届四中全会要求"坚持把全民普法和守法作为依法治国的长期基础性工作，深入开展法治宣传教育"；十八届五中全会要求"弘扬社会主义法治精神，增强全社会特别是公职人员尊法学法守法用法观念，在全社会形成良好法治氛围和法治习惯"。习近平总书记多次强调，领导干部要做尊法学法守法用法的模范。法治宣传教育要创新形式、注重实效，为我们做好工作提供了基本遵循。

当前，我国正处于全面建成小康社会的决定性阶段，依法治国在党和国家工作全局中的地位更加突出，严格执法、公正司法的要求越来越高，维护社会公平正义的责任越来越大。按照全面依法治国新要求，深入开展法治宣传教育，充分发挥法治宣传教育在全面依法治国中的基础作用，推动全社会树立法治意识，为"十三五"时期经济社会发展营造良好法治环境，为实现"两个一百年"奋斗目标和中华民族伟大复兴的中国梦作出新贡献，责任重大、意义深远。

为深入贯彻党的十八大和十八届三中、四中、五中、六中全会精神和习近平总书记系列重要讲话精神，以及中共中央、国务院转发《中央宣传部、司法部关于在公民中开展法治宣传教育的第七个五年规划（2016—2020年）》，扎实推进"七五"普法工作，中国社会科学院法学研究所联合中国民主法制出版社，组织国内有关方面的专家学者，在新一轮的五年普法规划实施期间，郑重推出"全面推进依法治国精品书库（六大系列）"，即《全国"七五"普法系列教材（以案释法版,25册）》《青少年法治教育系列教材（法治实践版,30册）》《新时期法治宣传教育工作理论与实务丛书（30册）》《"谁执法（主管）谁普法"系列丛书（以案释法版，80册）》《"七五"普法书架——以案释法系列丛书（60册）》和《"谁执法（主管）谁普法"系列宣传册（漫画故事版，100册）》。

其中"谁执法谁普法，谁主管谁负责"工作是一项涉及面广、工作要求高的系统工程。它以法律所调整的不同社会关系为基础，以行业监管或主管所涉及的法律法规为主体，充分发挥行业优势和主导作用，在抓好部门、行业内部法治宣传教育的同时，面向普法对象，普及该专属领域所涉及的法律法规的一种创新性普法方式。

实行"谁执法谁普法，谁主管谁负责"是贯彻落实中央精神、贯彻实施"七五"普法规划、深入推进新一轮全国法治宣传教育活动的重要举措。这一重要举措的切实实施，有利于充分发挥执法部门、行业主管的职能优势和主导作用，扩大普法依法治理工作覆盖面，增强法治宣传教育的针对性、专业性，促进执法与普法工作的有机结合，有利于各部门、各行业分工负责、各司其职、齐抓共管的大普法工作格局的形成。

为了深入扎实地做好"谁执法谁普法，谁主管谁负责"工作，我们组织编写了这套《"谁执法（主管）谁普法"系列丛书（以案释法版，80册）》。该丛书内容包括全面推进依法治国重大战略布局、宪法、行政法以及行业管理所涉及的法律法规制度。全书采取宣讲要点、以案释法的形式，紧紧围绕普法宣传的重点、法律规定的要点、群众关注的焦点、社会关注的热点、司法实践的难点，结合普法学习、法律运用和司法实践进行全面阐释，深入浅出，通俗易懂，具有较强的实用性和操作性，对于提高行业行政执法和业务管理人员能力水平，增强管理对象的法治意识具有积极意义。

衷心希望丛书的出版，能够为深入推进行业普法起到应有作用，更好地营造尊法学法守法用法的良好氛围。

本书编委会
2016年10月

目 录

第一章

全面推进依法治国的重大战略布局

依法治国，就是广大人民群众在党的领导下，依照宪法和法律规定，通过法定形式管理国家事务，管理经济文化事业，管理社会事务，保证国家各项工作都依法进行，逐步实现民主制度化、法律化，建设社会主义法治国家。全面推进依法治国，是我们党从坚持和发展中国特色社会主义，实现国家治理体系和治理能力现代化，提高党的执政能力和执政水平出发，总结历史经验、顺应人民愿望和时代发展要求作出的重大战略布局。全面推进依法治国，必须坚持中国共产党的领导，坚持人民主体地位、坚持法律面前人人平等，坚持依法治国和以德治国相结合，坚持从中国实际出发。坚持依法治国、依法执政、依法行政共同推进，坚持法治国家、法治政府、法治社会一体建设，实现科学立法、严格执法、公正司法、全民守法，促进国家治理体系和治理能力现代化。

第一节　全面推进依法治国方略

依法治国，从根本上讲，就是广大人民群众在党的领导下，依照宪法和法律规定，通过法定形式管理国家事务、管理经济文化事业、管理社会事务，保证国家各项工作都依法进行，逐步实现民主制度化、法律化，建设社会主义法治国家。

一、全面推进依法治国的形成与发展过程

全面推进依法治国的提出，是对我们党严格执法执纪优良传统作风的传承，是对党的十五大报告提出的"依法治国，建设社会主义法治国家"的深化。历史地看，我们党依法治国基本方略的形成和发展，经历了一个长期的探索发展过程。早在革

命战争年代，我党领导下的革命根据地红色政权就陆续制定和颁布过《中华苏维埃共和国宪法大纲》《中国土地法大纲》《陕甘宁边区施政纲领》等一系列法律制度规定，为新生红色政权的依法产生和依法办事，为调动一切抗日力量抵御外来侵略者，为解放全中国提供了宪法性依据和法律遵循。遵守法纪、依法办事成为这一时期党政工作的一大特色。尽管从总体上看，为适应战时需要，当时主要实行的还是政策为主、法律为辅，但在战争年代，尤其是军事力量对比实力悬殊的情况下，我们党依然能够在革命根据地和解放区坚持探索和实践法制建设，充分显示了一个无产阶级政党领导人民翻身解放、当家作主的博大胸怀。1949年中华人民共和国成立，开启了中国法治建设的新纪元。从1949年到20世纪50年代中期，是中国社会主义法制的初创时期。这一时期中国制定了具有临时宪法性质的《中国人民政治协商会议共同纲领》和其他一系列法律、法令，对巩固新生的共和国政权，维护社会秩序和恢复国民经济，起到了重要作用。1954年第一届全国人民代表大会第一次会议制定的《中华人民共和国宪法》以及随后制定的有关法律，规定了国家的政治制度、经济制度和公民的权利与自由，规范了国家机关的组织和职权，确立了国家法制的基本原则，初步奠定了中国法治建设的基础。20世纪50年代后期至70年代初，特别是"文化大革命"的十年，中国社会主义法制遭到严重破坏。20世纪70年代末，中国共产党总结历史经验，特别是汲取"文化大革命"的惨痛教训，作出把"党和国家的工作重心转移到社会主义现代化建设上来"的重大决策，实行改革开放政策，明确了一定要靠法制治理国家的原则。为了保障人民民主，必须加强社会主义法制，使民主制度化、法律化，使这种制度和法律具有稳定性、连续性和权威性，使之不因领导人的改变而改变，不因领导人的看法和注意力的改变而改变，做到有法可依，有法必依，执法必严，违法必究，成为改革开放新时期法治建设的基本理念。在发展社会主义民主、健全社会主义法制的基本方针指引下，现行宪法以及刑法、刑事诉讼法、民事诉讼法、民法通则、行政诉讼法等一批基本法律出台，中国的法治建设进入了全新发展阶段。20世纪90年代，中国开始全面推进社会主义市场经济建设，由此进一步奠定了法治建设的经济基础，法治建设面临新的更高要求。1997年召开的中国共产党第十五次全国代表大会，将"依法治国"确立为治国基本方略，将"建设社会主义法治国家"确定为社会主义现代化的重要目标，并提出了建设中国特色社会主义法律体系的重大任务。1999年修宪，"中华人民共和国实行依法治国，建设社会主义法治国家"载入宪法，中国的法治建设开启了新篇章。进入21世纪，中国的法治建设继续向前推进。2002年召开的中国共产党第十六次全国代表大会，将"社会主义民主更加完善，社会主义法制更加完备，依法治国基本方略得到全面落实"作为全面建设小康社会的重要目标。2004年修宪，"国家尊重和保障人权"载入宪法。2007年召开的中国共产党第十七次全国代表大会，明确提出全面落实依法治国基本方略，加快建设社会主义法治国家，并对加强社会主义法治建设作出了全面部署。2012年中共十八大召开以来，党中央高度重视依法治国。2014年10月，十八届四中全会专门作出《中共中央关于全面推进依法治国若干重大问题的决定》，描绘了全面推进依法治国的总蓝图、路线图、施工图，标志着依法治国按下了"快进键"、进入了"快车道"，对我国社会主义法治建设具有里程碑意义。在新的历史起点上，我们党更加重视全面依法治国和社会主义法治建设，强调落实依法治国基本方略，加快建设社会主义法治国家，全面推进科学立法、严格执法、公正司法、全民守法进程，强调坚持党的领导，更加注重改进党的领导方式和执政方式；依法治国，首先是依宪治国；依法执政，关键是依宪执政；新形势下，我们党要履行好执政兴国的重大职责，必须依据党章从严治党、依据宪法治国理政；党领导人民制定宪法和法律，党领导人民执行宪法和法律，党自身必须在宪法和法律范围内活动，真正做到党领导立法、保证执法、带头守法。当前，我国全面建成小康社会进入决定性阶段，改革进入攻坚期和深水区。我们党面临的改革发展稳定任务之重前所未有、矛盾风险挑战之多前所未有，依法治国在党和国家工作全局中的地位更加突出、作用更加重大。全面推进依法治国是关系我们党执政兴国、关系人民幸福安康、关系党和国家长治久安的重大战略问题，是完善和发展中国特色社会主义制度、推进国家治理体系和治理能力现代化的重要方面。我们要实现党的十八大和十八届三中、四中、五中全会作出的一系列战略部署，全面建成小康社会、实现中华民族伟大复兴的中国梦，全面深化改革、完善和发展中国特色社会主义制度，就必须在全面推进依法治国上作出总体部署、采取切实措施、迈出坚实步伐。

 以案释法 01

严格依法办事、坚持从严治党

2015年5月22日，天津市第一中级人民法院鉴于周永康案中一些犯罪事实证据涉及国家秘密，依法对周永康案进行不公开审理。天津市第一中级人民法院经审理认为，周永康受贿数额特别巨大，但其归案后能如实供述自己的罪行，认罪悔罪，绝大部分贿赂系其亲属收受且其系事后知情，案发后主动要求亲属退赃且受贿款物全部追缴，具有法定、酌定从轻处罚情节；滥用职权，犯罪情节特别严重；故意泄露国家秘密，犯罪情节特别严重，但未造成特别严重的后果。根据周永康犯罪的事实、性质、情节和对于社会的危害程度，天津市第一中级人民法院于2015年6月11日宣判，周永康犯受贿罪，判处无期徒刑，剥夺政治权利终身，并处没收个人财产；犯滥用职权罪，判处有期徒刑七年；犯故意泄露国家秘密罪，判处有期徒刑四年，三罪并罚，决定执行无期徒刑，剥夺政治权利终身，并处没收个人财产。周永康在庭审最后陈述时说："我接受检方指控，基本事实清楚，我表示认罪悔罪；有关人员对我家人的贿赂，实际上是冲着我的权力来的，我应负主要责任；自己不断为私情而违法违纪，违法犯罪的事实是客观存在的，给党和国家造成了重大损失；对我问题的依纪依法处理，体现了中国共产党全面从严治党、全面依法治国的决心。"

 释解

周永康一案涉及新中国成立以来第一例因贪腐被中纪委立案审查的正国级领导干部。周永康的落马充分反映了我们党全面从严治党、全面依法治国的坚定决心。说明反腐没有"天花板"，无论任何人，不管位有多高，权有多大，只要违法乱纪，一样要严惩不贷。周永康一案的宣判表明，无论是位高权重之人，还是基层党员干部，都应始终敬畏党纪、敬畏国法，不以权谋私，切忌把权力当成自家的"后花园"。通过办案机关依法办案、文明执法，讲事实、讲道理，周永康也认识到自己违法犯罪的事实给党的事业造成的损失，给社会造成了严重影响，并多次表示认罪悔罪。综观周永康一案从侦办、审理到宣判，整个过程都坚持依法按程序办案，很好地体现了"以法治思维和法治方式反对腐败"的基本理念。这充分说明，我们党敢于直面问题、纠正错误，勇于从严治党、依法治国。周永康案件再次表明，党纪国法绝不是"橡皮泥""稻草人"，无论是因为"法盲"导致违纪违法，还是故意违规违法，都要受到追究，否则就会形成"破窗效应"。法治之下，任何人都不能心存侥幸，也不能指望法外施恩，没有免罪的"丹书铁券"，也没有"铁帽子王"。

二、全面推进依法治国必须坚持的基本原则

全面推进依法治国是一项系统工程，是国家治理领域一场广泛而深刻的革命，需要付出长期艰苦努力，这一过程中，既要避免不作为，又要防范乱作为。为此，党的十八届四中全会明确提出了全面推进依法治国必须要坚持的基本原则，即坚持中国共产党的领导，坚持人民主体地位，坚持法律面前人人平等，坚持依法治国和以德治国相结合，坚持从中国实际出发。

（一）党的领导原则

党的领导是中国特色社会主义最本质的特征，是社会主义法治最根本的保证。把党的领导贯彻到依法治国全过程和各方面，是我国社会主义法治建设的一条基本经验。我国宪法确立了中国共产党的领导地位。坚持党的领导，是社会主义法治的根本要求，是党和国家的根本所在、命脉所在，是全国各族人民的利益所系、幸福所系。实践证明，只有把依法治国基本方略的贯彻实施同依法执政的基本方式统一起来，把党领导立法、保证执法、支持司法、带头守法统一起来，把党总揽全局、协调各方同人大、政府、政协、审判机关、检察机关依法依章程履行职能、开展工作统一起来，把党领导人民制定和实施宪法法律同党坚持在宪法法律范围内活动统一起来，才能确保法治中国的建设有序推进、深入开展。

（二）人民主体原则

在我国，人民是依法治国的主体和力量源泉，法治建设以保障人民根本权益为出发点和落脚点。法治建设的宗旨是为了人民、依靠人民、保护人民、造福人民。因此，全面推进依法治国，必须要保证人民依法享有广泛的权利和自由、承担应尽的义务，维护社会公平正义，促进共同富裕。全面推进依法治国，就是为了更好地实现人民在党的领导下，依照法律规定，通过各种途径和形式管理国家事务，管理经济文化事业，管理社会事务。法律既是保障公民权利的有力武器，也是全体公民必须一体遵循的行为规范，因此全面推行依法治国，必须要坚持人民主体原则，切实增强全社会学法尊法守法用法意识，使法律为人民所掌握、所遵守、所运用。

（三）法律面前人人平等原则

平等是社会主义法律的基本属性。法律面前人人平等，要求任何组织和个人都必须尊重宪法法律权威，都必须在宪法法律范围内活动，都必须依照宪法法律行使权力或权利、履行职责或义务，都不得有超越宪法法律的特权。全面推行依法治国，必须维护国家法制统一、尊严和权威，切实保证宪法法律有效实施，任何人都不得以任何借口任何形式以言代法、以权压法、徇私枉法。必须规范和约束公权力，加大监督力度，做到有权必有责、用权受监督、违法必追究。坚决纠正有法不依、执法不严、违法不究行为。

（四）依法治国和以德治国相结合原则

法律和道德同为社会行为规范，在支撑社会交往、维护社会稳定、促进社会发展方面，发挥着各自不同的且不可替代的交互作用，国家和社会治理离不开法律和道德的共同发挥作用。全面推进依法治国，必须要既重视发挥法律的规范作用，又重视发挥道德的教化作用，要坚持一手抓法治、一手抓德治，大力弘扬社会主义核心价值观，弘扬中华传统美德，培育社会公德、职业道德、家庭美德、个人品德。法治要体现道德理念、强化对道德建设的促进作用，道德要滋养法治精神、强化对法治文化的支撑作用，以实现法律和道德相辅相成、法治和德治相得益彰。

（五）从实际出发原则

全面推进依法治国是中国特色社会主义道路、理论、制度实践的必然选择。建设法治中国，必须要从我国基本国情出发，同改革开放不断深化相适应，总结和运用党领导人民实行法治的成功经验，围绕社会主义法治建设重大理论和实践问题，深入开展法治建设，推进法治理论创新。

三、全面推进依法治国的总体要求

十八届四中全会是我党历史上第一次通过全会的形式专题研究部署、全面推进依法治国问题。全会在对全面推进依法治国的重要意义、重大作用、指导思想和基本原则作了系统阐述的基础上，站在总揽全局、协调各方的高度，对全面推进依法治国进程中的人大、政府、政协、审判、检察等各项工作提出了工作要求。

（一）加强立法工作，完善中国特色社会主义法律体系建设和以宪法为核心的法律制度实施

1. 建设中国特色社会主义法治体系，坚持立法先行，发挥立法的引领和推动作用，抓住提高立法质量这个关键

立法工作要恪守以民为本、立法为民理念，贯彻社会主义核心价值观，要符合宪法精神、反映人民意志、得到人民拥护。要把公正、公平、公开原则贯穿立法全过程，完善立法体制机制，坚持立改废释并举，增强法律法规的及时性、系统性、针对性、有效性。坚持依法治国，首先要坚持依宪治国、坚持依宪执政。一切违反宪法的行为都必须予以追究和纠正。为了强化宪法意识，党和国家还确定，每年12月4日定为国家宪法日。在全社会普遍开展宪法教育，弘扬宪法精神。建立宪法宣誓制度，凡经人大及其常委会选举或者决定任命的国家工作人员正式就职时公开向宪法宣誓。

2. 完善党对立法工作中重大问题决策的程序

凡立法涉及重大体制和重大政策调整的，必须报党中央讨论决定。党中央向全国人大提出宪法修改建议，依照宪法规定的程序进行宪法修改。法律制定和修改的重大问题由全国人大常委会党组向党中央报告。健全有立法权的人大主导立法工作的体制机制。建立由全国人大相关专门委员会、全国人大常委会法制工作委员会组织有关部门参与起草综合性、全局性、基础性等重要法律草案制度。增加有法治实践经验的专职常委比例。依法建立健全专门委员会、工作委员会立法专家顾问制度。加强和改进政府立法制度建设，完善行政法规、规章制定程序，完善公众参与政府立法机制。重要行政管理法律法规由政府法制机构组织起草。明确立法权力边界，从体制机制和工作程序上有效防止部门利益和地方保护主义法律化。明确地方立法权限和范围，依法赋予设区的市地方立法权。

3. 深入推进科学立法、民主立法

加强人大对立法工作的组织协调，健全立法起草、论证、协调、审议机制，健全向下级人大征询立法意见机制，建立基层立法联系点制度，推进立法精细化。更多发挥人大代表参与起草和修改法律的作用。充分发挥政协委员、民主党派、工商联、无党派人士、人民团体、社会组织在立法协商中的作用，拓宽公民有序参与立

法途径，广泛凝聚社会共识。

4.加强重点领域立法

依法保障公民权利，加快完善体现权利公平、机会公平、规则公平的法律制度，保障公民人身权、财产权、基本政治权利等各项权利不受侵犯，保障公民经济、文化、社会等各方面权利得到落实，实现公民权利保障法治化。增强全社会尊重和保障人权意识，健全公民权利救济渠道和方式。

（二）深入推进依法行政，加快建设法治政府

各级政府必须坚持在党的领导下、在法治轨道上开展工作，创新执法体制，完善执法程序，推进综合执法，严格执法责任，建立权责统一、权威高效的依法行政体制，加快建设职能科学、权责法定、执法严明、公开公正、廉洁高效、守法诚信的法治政府。

1.依法全面履行政府职能

完善行政组织和行政程序法律制度，推进机构、职能、权限、程序、责任法定化行政机关要坚持法定职责必须为、法无授权不可为，勇于负责、敢于担当，坚决纠正不作为、乱作为，坚决克服懒政、怠政，坚决惩处失职、渎职。行政机关不得法外设定权力，没有法律法规依据不得作出减损公民、法人和其他组织合法权益或者增加其义务的决定。

2.健全依法决策机制

把公众参与、专家论证、风险评估、合法性审查、集体讨论决定确定为重大行政决策作出的法定程序，确保决策制度科学、程序正当、过程公开、责任明确。建立重大决策终身责任追究制度及责任倒查机制，对决策严重失误或者依法应该及时作出决策但久拖不决造成重大损失、恶劣影响的，严格追究行政首长、负有责任的其他领导人员和相关责任人员的法律责任。

3.深化行政执法体制改革

根据不同层级政府的事权和职能，按照减少层次、整合队伍、提高效率的原则，合理配置执法力量。推进综合执法，大幅减少市县两级政府执法队伍种类，重点在食品药品安全、工商质检、公共卫生、安全生产、文化旅游、资源环境、农林水利、交通运输、城乡建设、海洋渔业等领域内推行综合执法，有条件的领域可以推行跨部门综合执法；严格实行行政执法人员持证上岗和资格管理制度，未通过执法资格考试，不得授予执法资格，不得从事执法活动。严格执行罚缴分离和收支两条线管理制度，严禁收费罚没收入同部门利益直接或者变相挂钩。

4.坚持严格规范公正文明执法

依法惩处各类违法行为，加大关系群众切身利益的重点领域执法力度。完善执

法程序，建立执法全过程记录制度。明确具体操作流程，重点规范行政许可、行政处罚、行政强制、行政征收、行政收费、行政检查等执法行为。严格执行重大执法决定法制审核制度。全面落实行政执法责任制，严格确定不同部门及机构、岗位执法人员执法责任和责任追究机制，加强执法监督，坚决排除对执法活动的干预，防止和克服地方和部门保护主义，惩治执法腐败现象。

5. 强化对行政权力的制约和监督

加强党内监督、人大监督、民主监督、行政监督、司法监督、审计监督、社会监督、舆论监督制度建设，努力形成科学有效的权力运行制约和监督体系，增强监督合力和实效。加强对政府内部权力的制约，对财政资金分配使用、国有资产监管、政府投资、政府采购、公共资源转让、公共工程建设等权力集中的部门和岗位实行分事行权、分岗设权、分级授权，定期轮岗，强化内部流程控制，防止权力滥用。改进上级机关对下级机关的监督，建立常态化监督制度。完善纠错问责机制，健全责令公开道歉、停职检查、引咎辞职、责令辞职、罢免等问责方式和程序。完善审计制度，保障依法独立行使审计监督权。对公共资金、国有资产、国有资源和领导干部履行经济责任情况实行审计全覆盖。

6. 全面推进政务公开

坚持以公开为常态、不公开为例外原则，推进决策公开、执行公开、管理公开、服务公开、结果公开。各级政府及其工作部门依据权力清单，向社会全面公开政府职能、法律依据、实施主体、职责权限、管理流程、监督方式等事项。重点推进财政预算、公共资源配置、重大建设项目批准和实施、社会公益事业建设等领域的政府信息公开。涉及公民、法人或其他组织权利和义务的规范性文件，按照政府信息公开要求和程序予以公布。推行行政执法公示制度。推进政务公开信息化，加强互联网政务信息数据服务平台和便民服务平台建设。

（三）保证公正司法，提高司法公信力

必须完善司法管理体制和司法权力运行机制，规范司法行为，加强对司法活动的监督，努力让人民群众在每一个司法案件中感受到公平正义。

1. 完善确保依法独立公正行使审判权和检察权的制度

建立领导干部干预司法活动、插手具体案件处理的记录、通报和责任追究制度。任何党政机关和领导干部都不得让司法机关做违反法定职责、有碍司法公正的事情，任何司法机关都必须执行党政机关和领导干部不得违法干预司法活动的要求。对干预司法机关办案的，给予党纪政纪处分；造成冤假错案或者其他严重后果的，依法追究刑事责任。

2. 优化司法职权配置

健全公安机关、检察机关、审判机关、司法行政机关各司其职，侦查权、检察权、审判权、执行权相互配合和制约的体制机制。完善审级制度，一审重在解决事实认定和法律适用，二审重在解决事实法律争议、实现二审终审，再审重在依法纠错、维护裁判权威；建立司法机关内部人员过问案件的记录制度和责任追究制度。完善主审法官、合议庭、主任检察官、主办侦查员办案责任制，落实谁办案谁负责。

3. 推进严格司法

健全事实认定符合客观真相、办案结果符合实体公正、办案过程符合程序公正的法律制度。加强和规范司法解释和案例指导，统一法律适用标准。全面贯彻证据裁判规则，严格依法收集、固定、保存、审查、运用证据，完善证人、鉴定人出庭制度，保证庭审在查明事实、认定证据、保护诉权、公正裁判中发挥决定性作用。明确各类司法人员工作职责、工作流程、工作标准，实行办案质量终身负责制和错案责任倒查问责制，确保案件处理经得起法律和历史检验。

4. 保障人民群众参与司法

坚持人民司法为人民，依靠人民推进公正司法，通过公正司法维护人民权益。在司法调解、司法听证、涉诉信访等司法活动中保障人民群众参与。推进审判公开、检务公开、警务公开、狱务公开，依法及时公开执法司法依据、程序、流程、结果和生效法律文书，杜绝暗箱操作。

5. 加强人权司法保障

强化诉讼过程中当事人和其他诉讼参与人的知情权、陈述权、辩护辩论权、申请权、申诉权的制度保障。健全落实罪刑法定、疑罪从无、非法证据排除等法律原则的法律制度。完善对限制人身自由司法措施和侦查手段的司法监督，加强对刑讯逼供和非法取证的源头预防，健全冤假错案有效防范、及时纠正机制。

6. 加强对司法活动的监督

完善检察机关行使监督权的法律制度，加强对刑事诉讼、民事诉讼、行政诉讼的法律监督。完善人民监督员制度，重点监督检察机关查办职务犯罪的立案、羁押、扣押和冻结财物、起诉等环节的执法活动。依法规范司法人员与当事人、律师、特殊关系人、中介组织的接触、交往行为。严禁司法人员私下接触当事人及律师、泄露或者为其打探案情、接受吃请或者收受其财物、为律师介绍代理和辩护业务等违法违纪行为，坚决惩治司法掮客行为，防止利益输送。

（四）增强全民法治观念，推进法治社会建设

弘扬社会主义法治精神，建设社会主义法治文化，增强全社会厉行法治的积极性和主动性，形成守法光荣、违法可耻的社会氛围，使全体人民都成为社会主义法治的忠实崇尚者、自觉遵守者、坚定捍卫者。

1. 推动全社会树立法治意识

坚持把全民普法和守法作为依法治国的长期基础性工作，深入开展法治宣传教

育，引导全民自觉守法、遇事找法、解决问题靠法。坚持把领导干部带头学法、模范守法作为树立法治意识的关键，完善国家工作人员学法用法制度，把法治教育纳入国民教育体系，从青少年抓起，在中小学设立法治知识课程。健全普法宣传教育机制，各级党委和政府要加强对普法工作的领导，宣传、文化、教育部门和人民团体要在普法教育中发挥职能作用。实行国家机关"谁执法谁普法"的普法责任制，建立法官、检察官、行政执法人员、律师等以案释法制度。把法治教育纳入精神文明创建内容，开展群众性法治文化活动，健全媒体公益普法制度，加强新媒体新技术在普法中的运用，提高普法实效；加强社会诚信建设，健全公民和组织守法信用记录，完善守法诚信褒奖机制和违法失信行为惩戒机制，使尊法守法成为全体人民的共同追求和自觉行动；加强公民道德建设，弘扬中华优秀传统文化，增强法治的道德底蕴，强化规则意识，倡导契约精神，弘扬公序良俗。发挥法治在解决道德领域突出问题中的作用，引导人们自觉履行法定义务、社会责任、家庭责任。

2. 推进多层次多领域依法治理

深入开展多层次多领域法治创建活动，深化基层组织和部门、行业依法治理，支持各类社会主体自我约束、自我管理。发挥市民公约、乡规民约、行业规章、团体章程等社会规范在社会治理中的积极作用。建立健全社会组织参与社会事务、维护公共利益、救助困难群众、帮教特殊人群、预防违法犯罪的机制和制度化渠道，发挥社会组织对其成员的行为导引、规则约束、权益维护作用。

3. 建设完备的法律服务体系

完善法律援助制度，扩大援助范围，健全司法救助体系，保证人民群众在遇到法律问题或者权利受到侵害时获得及时有效的法律帮助。

4. 健全依法维权和化解纠纷机制

强化法律在维护群众权益、化解社会矛盾中的权威地位，引导和支持人们理性表达诉求、依法维护权益。建立健全社会矛盾预警机制、利益表达机制、协商沟通机制、救济救助机制，畅通群众利益协调、权益保障法律渠道。把信访纳入法治化轨道，保障合理合法诉求依照法律规定和程序就能得到合理合法的结果。健全社会矛盾纠纷预防化解机制，完善调解、仲裁、行政裁决、行政复议、诉讼等有机衔接、相互协调的多元化纠纷解决机制。完善立体化社会治安防控体系，有效防范、化解、管控影响社会安定的问题，保障人民生命财产安全。依法严厉打击暴力恐怖、涉黑犯罪、邪教和黄赌毒等违法犯罪活动，绝不允许其形成气候。依法强化危害食品药品安全、影响生产安全、损害生态环境、破坏网络安全等重点问题治理。此外，十八届四中全会还就法治工作队伍建设、党对全面推进依法治国的领导等重大问题提出了加强和改进要求。

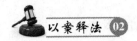

让人民群众在司法案件中感受到公平正义

欠债还钱，天经地义，支付罚息，也理所应当。但是，银行却在本金、罚息之外，另收"滞纳金"，并且还是按复利计算，结果经常导致"滞纳金"远高于本金，成了实际上的"驴打滚"。中国银行某高新技术产业开发区支行起诉信用卡欠费人沙女士，请求人民法院判令沙女士归还信用卡欠款共计375079.3元（包含本金339659.66元及利息、滞纳金共计35419.64元）。银行按每日万分之五的利率计算的利息，以及每个月高达5%的滞纳金，这就相当于年利率高达78%。受理本案的人民法院认为，根据合同法、商业银行法，我国的贷款利率是受法律限制的，最高人民法院在关于民间借贷的司法解释中明确规定：最高年利率不得超过24%，否则就算"高利贷"，不受法律保护。但问题在于，最高法的司法解释针对的是"民间高利贷"，而原告是根据中国人民银行的《银行卡业务管理办法》收取滞纳金的，该如何审理？

在我国社会主义法律体系中，宪法是国家的根本大法，处于最高位阶，一切法律、行政法规、司法解释、地方性法规和规章、自治条例和单行条例都不得与宪法规定精神相违背。依法治国首先必须依宪治国。十八届四中全会重申了宪法第五条关于"一切违反宪法和法律的行为，必须予以追究"的原则，强调要"努力让人民群众在每一个司法案件中感受到公平正义"。此案中，法官引述了宪法第三十三条第二款规定："中华人民共和国公民在法律面前一律平等。"法官认为："平等意味着对等待遇，除非存在差别对待的理由和依据。一方面，国家以贷款政策限制民间借款形成高利；另一方面，在信用卡借贷领域又形成超越民间借贷限制一倍或者几倍的利息。这显然极可能形成一种'只准州官放火，不许百姓点灯'的外在不良观感。"法官从宪法"平等权"等多个层面，提出应对法律作系统性解释，认为"商业银行错误将相关职能部门的规定作为自身高利、高息的依据，这有违合同法及商业银行法的规定"，从而最终驳回了银行有关滞纳金的诉讼请求，仅在本金339659.66元、年利率24%的限度内予以支持。

第二节　建设中国特色社会主义法治体系

十八届四中全会提出："全面推进依法治国，总目标是建设中国特色社会主义法治体系，建设社会主义法治国家。"这是我们党的历史上第一次提出建设中国特色社会主义法治体系的新目标。从"法律体系"到"法治体系"是一个质的飞跃，是一个从静态到动态的过程，是一个从平面到立体的过程。

一、中国特色社会主义法治体系的主要内容

中国特色社会主义法治体系包括完备的法律规范体系、高效的法治实施体系、严密的法治监督体系、有力的法治保障体系、完备的党内法规体系五个子系统。

（一）完备的法律规范体系

建设中国特色社会主义法治体系，全面推进依法治国，需要充分的规范供给为全社会依法办事提供基本遵循。一方面，要加快完善法律、行政法规、地方性法规体系；另一方面，也要完善包括市民公约、乡规民约、行业规章、团体章程在内的社会规范体系。恪守原有单一的法律渊源已无法满足法治实践的需求，有必要适当扩大法律渊源，甚至可以有限制地将司法判例、交易习惯、法律原则、国际惯例作为裁判根据，以弥补法律供给的不足，同时还应当建立对法律扩大或限缩解释的规则，通过法律适用过程填补法律的积极或消极的漏洞。为了保证法律规范的质量和提升立法科学化的水平，应当进一步改善立法机关组成人员的结构，提高立法程序正当化水平，构建立法成本效益评估前置制度，建立辩论机制，优化协商制度，提升立法技术，规范立法形式，确定法律规范的实质与形式标准，设立法律规范的事前或事后的审查过滤机制，构建实施效果评估机制，完善法律修改、废止和解释制度，等等。尤其要着力提高立法过程的实质民主化水平，要畅通民意表达机制以及民意与立法的对接机制，设定立法机关组成人员联系选民的义务，规范立法机关成员与"院外"利益集团的关系，完善立法听取意见（包括听证等多种形式）、整合吸纳意见等制度，建立权力机关内部的制约协调机制，建立立法成员和立法机关接受选民和公众监督的制度，等等。

（二）高效的法治实施体系

法治实施是一个系统工程。首先，要认真研究如何使法律规范本身具有可实施性，不具有实施可能性的法律规范无疑会加大实施成本，甚至即使执法司法人员费尽心机也难以实现。因此，要特别注意法律规范的可操作性、实施资源的配套性、法律规范本身的可接受性以及法律规范自我实现的动力与能力。其次，要研究法律实施所必需的体制以及法律设施，国家必须为法律实施提供强有力的体制、设施与物质保障。再次，要认真研究法律实施所需要的执法和司法人员的素质与能力，要

为法律实施所需要的素质和能力的培训与养成提供必要的条件和机制。又次，要研究法律实施的环境因素，并为法律实施创造必要的执法和司法环境。最后，要研究如何克服法律实施的阻碍和阻力，有针对性地进行程序设计、制度预防和机制阻隔，针对我国现阶段的国情，有必要把排除"人情""关系""金钱""权力"对法律实施的干扰作为重点整治内容。

（三）严密的法治监督体系

对公共权力的监督和制约，是任何法治形态的基本要义；公共权力具有二重性，唯有法律能使其扬长避短和趋利避害；破坏法治的最大危险在一般情况下都来自公共权力；只有约束好公共权力，国民的权利和自由才可能安全实现。有效监督和制约公共权力，要在以下几个方面狠下功夫：要科学配置权力，使决策权、执行权、监督权相互制约又相互协调；要规范权力的运行，为权力的运行设定明确的范围、条件、程序和界限；要防止权力的滥用，为权力的行使设定正当目的及合理基准与要求；要严格对权力的监督，有效规范党内、人大、民主、行政、司法、审计、社会、舆论诸项监督，并充分发挥各种监督的独特作用，使违法或不正当行使权力的行为得以及时有效纠正；要健全权益恢复机制，使受公共权力侵害的私益得到及时赔偿或补偿。

（四）有力的法治保障体系

依法治国是一项十分庞大和复杂的综合性系统工程。要在较短时间内实现十八届四中全会提出的全面推进依法治国的战略目标，任务艰巨而繁重，如果缺少配套的保证体系作为支撑，恐难以持久。普遍建立法律顾问制度。完善规范性文件、重大决策合法性审查机制。建立科学的法治建设指标体系和考核标准。健全法规、规章、规范性文件备案审查制度。健全社会普法教育机制，增强全民法治观念。逐步增加有地方立法权的较大的市数量。深化行政执法体制改革。完善行政执法程序，规范执法自由裁量权，加强对行政执法的监督，全面落实行政执法责任制和执法经费由财政保障制度，做到严格规范公正文明执法。完善行政执法与刑事司法衔接机制。确保依法独立公正行使审判权、检察权。改革司法管理体制，推动省以下地方人民法院、人民检察院人财物统一管理，探索建立与行政区划适当分离的司法管辖制度，保证国家法律统一正确实施。建立符合职业特点的司法人员管理制度，健全法官、检察官、人民警察统一招录、有序交流、逐级遴选机制，完善司法人员分类管理制度，健全法官、检察官、人民警察职业保障制度。健全司法权力运行机制。优化司法职权配置，健全司法权力分工负责、互相配合、互相制约机制，加强和规范对司法活动的法律监督和社会监督。健全国家司法救助制度，完善法律援助制度。完善律师执业权利保障机制和违法违规执业惩戒制度，加强职业道德建设，发挥律师在依法维护公民和法人合法权益方面的重要作用。

（五）完善的党内法规体系

党内法规既是管党治党的重要依据，也是中国特色社会主义法治体系的重要组成部分。由于缺少整体规划，缺乏顶层设计，党内法规存在"碎片化"现象。要在对现有党内法规进行全面清理的基础上，抓紧制定和修订一批重要党内法规，加大党内法规备案审查和解释力度，完善党内法规制定体制机制，形成配套完备的党内法规制度体系，使党内生活更加规范化、程序化，使党内民主制度体系更加完善，使权力运行受到更加有效的制约和监督，使党执政的制度基础更加巩固，为到建党100周年时全面建成内容科学、程序严密、配套完备、运行有效的党内法规制度体系打下坚实基础。

二、以高度自信建设中国特色社会主义法治体系

（一）依法治国、依法执政、依法行政共同推进

依法治国是党领导人民治国理政的基本方式，要依照宪法和法律规定，通过各种途径和形式实现人民群众在党的领导下管理国家事务，管理经济文化事业，管理社会事务，保证国家各项工作都依法进行，逐步实现社会主义民主的制度化、法律化。依法执政是依法治国的关键，要坚持党领导人民制定法律、实施法律并在宪法法律范围内活动的原则，健全党领导依法治国的制度和工作机制，促进党的政策和国家法律互联互动。依法行政是依法治国的重点，要创新执法体制，完善执法程序，推进综合执法，严格执法责任，建立权责统一、权威高效的依法行政体制，加快建设职能科学、权责法定、执法严明、公开公正、廉洁高效、守法诚信的法治政府，切实做到合法行政、合理行政、高效便民、权责统一、政务公开。

（二）法治国家、法治政府、法治社会一体建设

法治国家、法治政府和法治社会是全面推进依法治国的"一体双翼"。法治国家是长远目标和根本目标，建设法治国家的核心要求是实现国家生活的全面法治化；法治政府是重点任务和攻坚内容，建设法治政府的核心要求是规范和制约公共权力；法治社会是组成部分和薄弱环节，建设法治社会的核心是推进多层次多领域依法治理，实现全体国民自己守法、护法。法治国家、法治政府、法治社会一体建设，要求三者相互补充、相互促进、相辅相成。

（三）科学立法、严格执法、公正司法、全民守法相辅相成

十八大以来，党中央审时度势，提出了"科学立法、严格执法、公正司法、全民守法"的十六字方针，确立了新时期法治中国建设的基本内容。科学立法要求完善立法规划，突出立法重点，坚持立改废释并举，提高立法科学化、民主化水平，提高法律的针对性、及时性、系统性、有效性，完善立法工作机制和程序，扩大公众有序参与，充分听取各方面意见，使法律准确反映经济社会发展要求，更好协调利益关系，发挥立法的引领和推动作用。严格执法，要求加强宪法和法律实施，维

护社会主义法制的统一、尊严、权威，形成人们不愿违法、不能违法、不敢违法的法治环境，做到有法必依、执法必严、违法必究。公正司法，要求要努力让人民群众在每一个司法案件中都感受到公平正义，所有司法机关都要紧紧围绕这个目标来改进工作，重点解决影响司法公正和制约司法能力的深层次问题。全民守法，要求任何组织或者个人都必须在宪法和法律范围内活动，任何公民、社会组织和国家机关都要以宪法和法律为行为准则，依照宪法和法律行使权利或权力、履行义务或职责。

（四）与推进国家治理体系和治理能力现代化同脉共振

全面推进依法治国既是实现国家治理现代化目标的基本要求，又是推进国家治理现代化的重要组成部分。法律的强制性、普遍性、稳定性、公开性、协调性等价值属性满足了国家治理对权威性和有效性的要求。法治在治理现代化过程中具有极为重要的意义。民主、科学、文明、法治是国家治理现代化的基本要求，民主、科学、文明都离不开法治的保障。治理现代化需要通过法治手段进一步具体地对应到治理体系的各个领域和每个方面，需要进一步量化为具体的指标体系，包括国权配置定型化、公权行使制度化、权益保护实效化、治理行为规范化、社会关系规则化、治理方式文明化六个方面。在实现治理法治化的过程中，治理主体需要高度重视法治本身的现代化问题，高度重视法律规范的可实施性，高度重视全社会法治信仰的塑造，高度重视治理事务对法治的坚守，高度重视司法公信力的培养。

第三节　提高运用法治思维和法治方式的能力

法治思维是指将党中央关于法治中国建设的基本要求，将国家宪法和法律的相关规定运用于判断、思考和决策，法治方式就是运用法治思维处理和解决问题的行为方式。法治思维与法治方式两者之间属于法治要求内化于心、外化于行的辩证统一关系。简言之，用法律观念来判断问题，用法律方式来处理矛盾和纠纷，这就是法治思维和法治方式。正如习近平同志指出的那样，"各级领导干部要提高运用法治思维和法治方式深化改革、推动发展、化解矛盾、维护稳定能力，努力推动形成办事依法、遇事找法、解决问题用法、化解矛盾靠法的良好法治环境，在法治轨道上推动各项工作"。

一、法治思维和法治方式的基本属性

法治思维和法治方式作为治理能力范畴中的一种新要求，它要求党员干部要带头尊法、学法、守法、用法，自觉地在法律授权范围内活动，切实维护国家法制的统一、尊严和权威，依法保障人民享有广泛的民主权利和自由；法治思维和法治方

式作为治理能力范畴中的一种新理念，它要求党员干部要带头破除重管理轻服务、重治民轻治官、重权力轻职责等积弊，带头荡除以言代法、以权压法、违法行政等沉疴。中国特色社会主义法治特质决定了法治思维和法治方式集中具有以下几个方面的属性要求：职权法定、权力制约、保障人权、程序正当。

（一）职权法定

职权法定是指行政机关及其公职人员的行政权力，来自于法律的明确授权，而非自行设定。因此，行政机关及其公职人员要做到依法行政，首先必须严守法律明确授予的行政职权，必须在法律规定的职权范围内活动。非经法律授权，不得作出行政管理行为；超出法律授权范围，不享有对有关事务的管理权，否则都属于行政违法。正如党的十八届四中全会强调的那样，"行政机关不得法外设定权力，没有法律法规依据不得作出减损公民、法人和其他组织合法权益或者增加其义务的决定"。坚持职权法定，首先在思想上要牢固树立宪法和法律的权威。宪法是国家的根本法，是治国安邦的总章程，任何法律和规范性文件都不得与宪法相抵触。依据宪法而制定的法律是全社会一体遵循的行动准则，任何人都不享有超越法律的特权。要注意培养依法办事的良好工作作风，切实做到办事依法、遇事找法、解决问题用法、化解矛盾靠法，在法治轨道上推动各项工作。有关部门要切实按照中央的要求，把法治建设成效作为衡量各级领导班子和领导干部工作实绩的重要内容，纳入政绩考核指标体系。把能不能遵守法律、依法办事作为考察干部的重要内容，在相同条件下，优先提拔使用法治素养好、依法办事能力强的干部。对特权思想严重、法治观念淡薄的干部要批评教育，不改正的要调离领导岗位。

（二）权力制约

权力制约是中国特色社会主义法治理念中的一项基本原则，这一原则贯穿于宪法始终，体现在各部法律之内。我国现行宪法对国家权力的设定充分体现了权力的分工与制约原则。首先，宪法明确规定国家的一切权力属于人民。其次，宪法在人民代表和国家机关及其工作人员的关系上，规定人民代表由人民选举产生，对人民负责，接受人民监督。人民有权对国家机关及其工作人员提出批评、建议、控告、检举等。再次，宪法规定国家行政机关、审判机关、检察机关都由人大产生，对它负责，受它监督。此外，我国宪法为充分保证执法机关正确执法，还明确规定了行政机关和司法机关在本系统内实行监督和制约。权力制约是法治国家的基本特征。改革开放以来，党和国家高度重视对权力的监督制约，党的十七大报告明确提出，要完善制约和监督机制，保证人民赋予的权力始终用来为人民谋利益；确保权力正确行使，必须让权力在阳光下运行；要坚持用制度管权、管事、管人，建立健全决策权、执行权、监督权既相互制约又相互协调的权力结构和运行机制。习近平总书记在首都各界纪念现行宪法公布施行30周年大会上的讲话中强调："我们要健全权力运行制约和监督体系，有权必有责，用权受监督，失职要问责，违法要追究，保证人民赋予的权力始终用来为人民谋利益。"

（三）保障人权

我们党长期注重尊重和保障人权。早在新民主主义革命时期，中国共产党就在所领导的红色革命根据地内颁布了《中华苏维埃共和国宪法大纲》《陕甘宁边区施政纲领》《陕甘宁边区宪法原则》等宪法性文件，明确规定保障人民权利的内容。抗战时期，为广泛调动一切抗日力量，各根据地人民政府普遍颁布和实施了保障人权的法令。新中国成立后的第一部宪法，就将公民的人身、经济、政治、社会、文化等方面的权利用根本大法的形式固定下来。20世纪80年代末，我们党就明确提出，社会主义中国要把人权旗帜掌握在自己手中。1991年11月1日，国务院新闻办公室向世界公布了新中国第一份《中国的人权状况》的白皮书，以政府文件的形式正面肯定了人权在中国政治发展中的地位。1997年9月，党的十五大明确提出："共产党执政就是领导和支持人民掌握管理国家的权力，实行民主选举、民主决策、民主管理和民主监督，保证人民依法享有广泛的权利和自由，尊重和保障人权。"此后，尊重和保障人权成为了中国共产党执政的基本目标和政治体制改革与民主法制建设的一个重要内容。2004年3月，十届全国人大二次会议通过宪法修正案，首次将"人权"概念载入宪法，明确规定"国家尊重和保障人权"。至此，尊重和保障人权上升为国家的一项宪法原则，成为行政执法活动中一条不应逾越的底线。

（四）程序正当

程序正当是社会主义法治对行政活动提出的一项基本要求。具体地说，程序正当是指行政机关行使行政权力、实施行政管理时，除涉及国家秘密和依法受到保护的商业秘密、个人隐私的外，都应当公开，注意听取公民、法人和其他组织的意见；要严格遵循法定程序，依法保障行政管理相对人、利害关系人的知情权、参与权和救济权。履行职责的行政机关工作人员与行政管理相对人存在利害关系时，应当回避。实践中，以保密为由拒绝向相对人提供依法应当提供的相关信息；作出行政决定没有听取相对人的意见和申辩；履行行政职责的行政机关工作人员缺乏回避意识等情况屡见不鲜。这种重实体、轻程序的现象历史上长期存在，行政机关与相对人之间更多地表现为一种命令与服从的关系。改革开放以来，尤其是在全面推进依法治国的进程中，程序正当逐步被提到了应有的位置。程序正当在许多单行法中有着明确的规定。如行政处罚法第四十二条就明确规定，行政机关作出责令停产停业、吊销许可证或者执照、较大数额罚款等行政处罚决定之前，应当告知当事人有要求举行听证的权利；当事人要求听证的，行政机关应当组织听证。党的十八届三中全会更是明确要求："完善行政执法程序，规范执法自由裁量权，加强对行政执法的监督，全面落实行政执法责任制和执法经费由财政保障制度，做到严格规范公正文明执法。"强调程序正义，不仅在于它是法治文明进步的重要成果，而且在于程序正义的维护和实现有助于增强法律实施的可接受性。

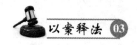

化解矛盾终究须靠法

2005年6月11日凌晨4时30分，为驱赶因征地补偿纠纷而在工地驻守阻止施工的河北省定州市某村部分村民，260余名社会闲散人员携带猎枪、棍棒、铁管、弩等工具，肆意使用暴力进场驱赶、伤害村民，造成6人死亡，15人重伤，多人轻伤、轻微伤的特别严重后果。最终，该案的组织策划者、骨干分子等主要案犯全部被抓获，共有248名犯罪嫌疑人到案。已批捕31人，刑拘131人。该案中定州市原市委书记和某等6人被判处无期徒刑，剥夺政治权利终身；其他被告人分别被判处15年至6年有期徒刑。

定州"6·11"案件是河北省定州市因一起项目建设需要大范围征地引发的。该项目是国家"十五"时期重点项目，能够落户定州，是经过六届市委、市政府的艰苦努力，历时13年才争取到的。如此一件争取多年才得到的项目，之所以最终引发了特别严重的后果，固然有很多方面的原因所造成，但其中最为直接的一个原因在于，原市委书记和某面临着久拖不决的征地事件，没有"办事依法、遇事找法、解决问题用法、化解矛盾靠法"，而是轻信了"小兄弟"的承诺，适当给村民们一点教训，结果一批社会闲杂人员凌晨闯入现场，场面顿时失控。此时，尽管和某在现场曾带着哭腔劝说不能伤及村民身体要害部位，但也无力回天。事情的最终结局还是回到法律的层面上来解决，但却付出了极其沉痛的代价。

二、培养法治思维和法治方式的基本途径

全面推进依法治国是国家治理领域的一场深刻革命，培养法治思维和法治方式是一项长期的系统工程。实践表明，任何一种思维方式和行为方式的养成，往往都要经历一个深入学习、深刻领会、坚定信念、反复践行、形成习惯，最后升华到品格的过程。法治思维和法治方式的培养，既是个理论问题又是个实践问题，因此更不会例外。

（一）在深入学习中提高认识

通过长期的不懈努力，一个立足中国国情和实际、适应改革开放和社会主义现代化建设需要、集中体现党和人民意志的，以宪法为统帅，以宪法相关法、民法、

商法等多个法律部门的法律为主干，由法律、行政法规、地方性法规与自治条例、单行条例等多层次法律规范构成的中国特色社会主义法律体系已经形成。这个法律体系是法治思维和法治方式的基础内容和基本遵循。因此，培养法治思维和法治方式，必须要结合实际，深入学习宪法和法律的相关规定，切实做到严格依法行使职权、履行职责。

（二）在依法履职中严守底线

党的十八届四中全会明确提出了法治建设的"五项原则"，即坚持中国共产党的领导、坚持人民主体地位、坚持法律面前人人平等、坚持依法治国和以德治国相结合、坚持从中国实际出发，从而为党员干部树立正确的法治理念指明了根本方向，提供了基本遵循。全会还明确要求"行政机关要坚持法定职责必作为，法无授权不可为"。坚持依法履行职责、法无授权不可为是依法行政的底线。行政机关的岗位职责来自于法律授权，必须要牢固树立岗位权力清单意识，在想问题、作决策和办事情中，必须严格遵循法律规则和法定程序，切实做到依法尽职、依法行权。

（三）在依法决策中化解风险

在依法治国不断深入、法律制度不断完备、法律责任日渐明晰的当今，行政机关不依法决策往往成为行政权力运行中的一大风险，成为行政机关承担法律责任、坐上被告席的一大原因。为此，党的十八届四中全会明确提出要健全依法决策机制。各级行政机关及公职人员必须强化责任意识和风险意识，严格遵守重大行政决策法定程序，采取公众参与、专家论证、风险评估、合法性审查、集体讨论决定等法定的程序和办法，确保决策内容合法、程序合法，切实有效防范因决策违法而承担的相应法律责任。

（四）在文明执法中培养品格

依法行政是文明执法的基础和保障，行政公开是文明执法的重要标志。党的十八届三中全会明确要求，"推行地方各级政府及其工作部门权力清单制度，依法公开权力运行流程。完善党务、政务和各领域办事公开制度，推进决策公开、管理公开、服务公开、结果公开"。行政机关及公职人员唯有依据相关法规制度，细化执法操作流程，明确执法权限、坚守法律底线，切实按照法定的许可、收费、检查、征收、处罚和强制等法定权限和程序要求，严格规范和监督执法行为，才能在维护人民群众切身利益的过程中，树立起人民公仆的良好形象，才能有效培养良好的法治思维和法治行为的工作作风与品格。

（五）在接受监督中展示形象

公正执法、带头守法是依法行政的生命力所在。2002年11月召开的党的十六大就明确提出了"加强对执法活动的监督，推进依法行政"。2014年召开的党的十八届四中全会更是明确要求，"必须以规范和约束公权力为重点，加大监督力度，做到有权必有责、用权受监督、违法必追究，坚决纠正有法不依、执法不严、违法不究行为"。强化行政执法监督成为推进依法行政和建设法治政府的一项重要抓手。行政机关及其公职人员在行政执法过程中，要依法自觉接受人大机关的法律监督、上级部门的组织监督、人民政协的民主监督、社会公众的群众监督、相关媒体的舆论监督，通过多种形式了解群众心声，彰显行政执法的公平公正属性，展示依法行政、法治政府的良好形象。

权力不能越出制度的笼子

　　某市发展和改革委员会于2010年7月对10家企业作出废弃食用油脂定点回收加工单位备案，其中包括该市某化工厂和某废油脂回收处理中心。2012年11月，该市某区人民政府发出通知，明确指定该市某再生资源开发有限公司实施全区餐厨废弃物收运处理。该区城市管理局和区商务局于2014年3月发出公函，要求落实文件规定，各生猪屠宰场点必须和某再生资源开发有限公司签订清运协议，否则将进行行政处罚。某新能源有限公司对规定不服，诉至法院，请求撤销该文对某再生资源开发有限公司的指定，并赔偿损失。该市中级人民法院一审认为，被告某区政府在文件中的指定，实际上肯定了某再生资源开发有限公司在该区开展餐厨废弃物业务的资格，构成实质上的行政许可。区城市管理局和区商务局作出的公函已经表明被告的指定行为事实上已经实施。根据行政许可法相关规定，行政机关受理、审查、作出行政许可应当履行相应的行政程序，被告在作出指定前，未履行任何行政程序，故被诉行政行为程序违法。被告采取直接指定的方式，未通过招标等公平竞争的方式，排除了其他可能的市场参与者，构成通过行政权力限制市场竞争，违反了该省餐厨废弃物管理办法第十九条和反垄断法第三十二条的规定。被告为了加强餐厨废弃物处理市场监管的需要，对该市场的正常运行作出必要的规范和限制，但不应在行政公文中采取明确指定某一公司的方式。原告某新能源有限公司对其赔偿请求未提交证据证实，法院对此不予支持。遂判决撤销被告在文件中对某再生资源开发有限公司指定的行政行为，驳回原告的其他诉讼请求。一审宣判后，双方当事人均未上诉。

释解

　　我国法院每年办理的10余万件一审行政案件中，与经济管理和经济领域行政执法密切相关的案件占到30%以上，涉及的领域和类型也越来越丰富。本案是涉及行政垄断的典型案件。行政垄断指行政机关滥用行政权力，违法提高市场准入门槛、违法指定特定企业从事特定业务、违法设置条件限制其他企业参与竞争等行为。它侵犯了市场主体的公平竞争权，对经济活动的正常运行、商品的自由流通乃至政府的内外形象都会造成较大破坏和不利影响，我国反垄断法和反不正当竞争法对此明令禁止。本案中，该区政府在行政公文中直接指定某再生资源开发有限公司，未通过招标等公平竞争方式，排除了其他可能的市场参与者，构成通过行政权力限制市场竞争的违法情形。新修改的行政诉讼法将"滥用行政权力侵犯公平竞争权"明确纳入受案范围，就是为突出行政审判对市场正常竞争秩序的有力维护。随着法治不断进步，公民、法人等各类市场主体在运用行政诉讼法律武器依法维权、监督和规制行政垄断方面，将发挥越来越大的作用。

第四节 "谁执法谁普法"的普法责任制

2015年是全面推进依法治国的开局之年，如何让法治理念、法治思维、法治精神、法治信仰入脑入心，成为全民共识，是深入开展普法教育的关键。中共中央、国务院转发了《中央宣传部、司法部关于在公民中开展法治宣传教育的第七个五年规划(2016—2020年)》提出，实行国家机关"谁执法谁普法"的普法责任制。"谁执法谁普法"，即以法律所调整的社会关系的种类和所涉及的部门、行业为主体，充分发挥行业优势和主导作用，在抓好部门、行业内部法治宣传教育的同时，负责面向重点普法对象，面向社会宣传本部门、本行业所涉及和执行的法律法规。实行"谁执法谁普法"工作原则，是贯彻落实"七五"普法规划的重要举措，有利于充分发挥执法部门、行业职能的优势和主导作用，扩大普法依法治理工作覆盖面，增强法治宣传教育的针对性、专业性，促进执法与普法工作的有机结合，进一步加大普法工作力度，真正形成部门、行业分工负责、各司其职、齐抓共管的大普法工作格局。

一、"谁执法谁普法"是法治国家的新要求

实行国家机关"谁执法谁普法"的普法责任制，建立法官、检察官、行政执法人员、律师等以案释法制度，加强普法讲师团、普法志愿者队伍建设。执法和司法人员普法具有天然的优势。严格执法、公正司法是法治信仰最好的支撑，也是最好的普法实践。将普法与立法、司法、执法关联在一起具有重要的现实意义。法的执行力既需要靠执法机关执法办案，也要靠全民守法来实现。法的贯彻执行需要靠大家守法，守法的前提是普法，让百姓知道法律。"谁执法谁普法"体现了法治中国的新要求，凸显了执法主体对普法的重要责任。执法机关对其执法对象、执法内容、执法当中存在的问题最了解，他们开展普法也更具针对性、及时性、有效性。国家机关的工作涉及人民群众学习、生活、工作的方方面面，由执法者在为群众办事过

程中进行普法教育，更具有亲历性和普及性，更利于人民群众接受。如交警部门宣传交通法规，税务部门宣传税法，劳动保障部门宣传劳动保障的相关法律法规。

二、"谁执法谁普法"指导思想

以党的十八大和十八届三中、四中全会精神及习近平总书记系列重要讲话精神为指导，坚持围绕中心、服务大局，坚持创新形式、注重实效，坚持贴近基层、服务群众，以建立健全法治宣传教育机制为抓手，以开展"学习宪法、尊法守法"等主题活动为载体，通过深入开展法治宣传教育，充分发挥法治宣传教育在法治建设中的基础性作用，进一步形成分工负责、各司其职、齐抓共管的普法工作格局，通过实行"谁执法谁普法"教育活动，普及现有法律法规，提升执法人员的法治观念和行政执法水平，增强相关法治主体的法律意识，营造全社会关注、关心法治的浓厚氛围，推动形成自觉守法用法的社会环境，为经济建设营造良好的法治环境。

三、"谁执法谁普法"工作原则

（一）坚持执法办案与普法宣传相结合的原则

使普法宣传教育渗透执法办案全过程，利用以案释法、以案普法、以案学法等方式普及法律常识，通过文明执法促进深度普法，通过广泛普法促进文明执法。在各行业监管中，以行政执法、公众参与、以案释法为导向，形成行政执法人员以案释法工作长效机制，实行长态化普法。在执法工作中，要加大对案件当事人的法律宣传教育，只有在当事人中积极进行法律知识和典型案例的宣传，才能起到事半功倍的宣传效果，才能让广大群众更为有效地学习法律知识，才能从实际案件中学法、懂法、用法，有效维护自身权利。

（二）坚持日常宣传与集中宣传相结合的原则

各机关单位根据担负职能和工作特点，在广泛开展法治宣传的同时，以各自业务领域为主要方向，结合"宪法法律宣传月"和"3·15""12·4"法治宣传日等特殊时段和节点。面向执法对象、服务对象和社会公众开展广泛的群众性法治宣传活动。开展各类重点突出、针对性强的集中法治宣传活动，切实增强工作的实效性。

（三）坚持上下联动和属地管理相结合的原则

强化上级部门对下级部门、主管部门对下属单位的指导，坚持市、县、乡三级联动普法。落实普法工作属地管理责任，强化地方党委政府对部门普法工作的监督考核，努力形成党委领导、人大监督、政府实施、政协支持、各部门协作配合、全社会共同参与的法治宣传教育新格局。

四、"谁执法谁普法"的主要任务

（一）切实落实普法工作责任制

"谁执法谁普法"工作责任主体要结合自身实际，将普法工作纳入全局工作统筹安排，制订切实可行的年度普法工作计划。健全完善普法领导机制，明确领导职责，加强普法办公室的建设，保证普法工作所需人员和经费。

（二）着力强化法律法规宣传教育

1.认真开展面向社会的普法活动

结合"12·4"国家宪法日、"4·7"世界卫生日、"7·11"世界人口日等各种主题活动，通过集中宣传咨询、印发资料、LED屏滚动播出等方式，以及网站、微信、微博、广播、电视、报刊等传播平台，围绕行业普法工作重点以及群众关心的热点问题和行业执法工作的重点，开展面向大众的法治宣传教育活动。

2.扎实做好系统内人员的法治教育

以社会主义法治理念、宪法和国家基本法律法规、依法行政以及反腐倡廉、预防职务犯罪等法律知识为重点，把法治教育与政治理论教育、理想信念教育、职业道德教育、党的优良传统和作风教育结合起来，通过集中办班、举办讲座、召开研讨交流会、组织或参加法律知识考试、自学等方式，加大系统内工作人员法治学习力度，不断增强领导干部和工作人员的法治理念、法律素养和依法行政、依法管理的能力。

（三）大力推进普法执法有机融合

寓普法于执法之中，把普法与执法紧密结合起来，使执法过程成为最生动的普法实践，大力促进普法与执法的有机融合。让法治宣传渗透执法办案的各环节、全过程，利用以案释法、现身说法等形式向社会大众传播法律、宣传法律，通过深化普法，预防违法行为，减少执法阻力，巩固执法成果。

（四）全面建立以案释法制度体系

1.建立典型案例评选制度

以案释法是利用身边或实际生活中发生的案例诠释法律的过程，要精心筛选具有重大典型教育意义、社会关注度高、与群众关系密切的"身边的案例""成熟的案例""针对性强的案例"，作为释法重点。定期开展行政执法案卷质量评查活动，评选出具有行业特点且与社会大众生活健康息息相关的典型案例。

2.建立典型案例传播制度

通过在部门网站设立以案释法专栏、免费发放典型案例宣传册等方式，以案释法、以案讲法，让公众进一步了解事实认定、法律适用的过程，了解案件审理、办结的情况。加强与新闻媒体的联系协调，推动落实新闻媒体的公益普法责任，充分发挥新闻媒体的法治传播作用。探索与媒体合作举办以案释法类节目，邀请媒体参与执法，积极引导社会法治风尚，增强法治宣传的传播力和影响力。

3.建立以案释法公开告知制度

在执法过程中，即时告知执法的法律依据，让行政相对人充分了解有关法律规定，知晓自身行为的违法性、应受到的处罚以及维权救济途径。有针对性地分行业定期举办执法相对人法律法规知识培训，通过强化岗前培训、岗位复训、分层培训，切实提高从业人员自身素质和法治意识。与社区合作，通过举办法治讲座、法律讲堂和开展送法进社区等形式，深入浅出地宣传法律及执法情况，释疑解惑，为各类普法对象宣讲典型案例，以身边人说身边事，用身边事教育身边人，推动法治宣传教育贴近基层、贴近百姓、贴近生活。

五、"谁执法谁普法"的工作要求

（一）高度重视，提高认识

充分认识法治宣传教育对全面推进法治建设的重要意义，实行国家机关"谁执法谁普法"的普法责任制是党的十八届四中全会提出的推动全社会树立法治意识的重要举措，也是推动"七五"普法决议落实、全面完成"七五"普法规划的工作要求。要充分认识开展这项工作的重要性和艰巨性，坚持把全民普法和守法作为依法治国的长期基础性工作，常抓不懈，把落实普法责任作为一项基本的职能工作。

（二）加强领导，明确责任

"谁执法谁普法"是一项涉及面广、工作要求高的系统工程，各单位和部门应按照中央的要求，切实加强对"谁执法谁普法"工作的组织领导，具体抓好落实。要明确工作目标、细化工作方案、创新工作举措、落实工作责任，确保"谁执法谁普法"工作落到实处，见到实效。

（三）创新模式，增强实效

充分发挥主导作用和职能优势，全面结合职责范围、行业特点、普法对象的实际情况和依法治理需要及社会热点，及时跟进相关法律法规的重点宣传。发挥广播、电视、报刊、网络和移动通讯等大众媒体的重要作用，用群众喜闻乐见、寓教于乐的形式突出以案释法、以案普法等，通过多种形式创新开展有特色、有影响、有实效的法治宣传。

（四）强化考核，落实责任

将"谁执法谁普法"工作落实情况纳入依法治理的目标绩效考核，同时对普法宣传工作进行督查，对采取措施不得力、工作不到位、目标未完成的单位予以督促并统一纳入年终考核评价体系，对工作突出的先进集体和先进个人予以表扬。

第二章

宪　法

　　宪法是国家的根本大法。它规定了社会各阶级在国家中的地位，是新时期党和国家的中心工作、基本原则、重大方针、重要政策在国家法制上的最高体现，是国家的根本法和治国安邦的总章程。

　　我国现行宪法符合国情、符合实际、符合时代发展要求，充分体现了人民共同意志、充分保障了人民民主权利、充分维护了人民根本利益，是推动国家发展进步、保障人民生活幸福、保障中华民族实现伟大复兴的根本制度。

　　宪法具有最高的法律效力，任何组织和个人都必须尊重宪法法律权威，都必须在宪法法律范围内活动，都必须依照宪法法律行使权力或权利、履行职责或义务，都不得有超越宪法法律的特权。

第一节　概述

一、宪法是国家的根本大法

　　宪法是规定国家根本制度和根本任务，规定国家机关的组织与活动的基本原则，确认和保障公民基本权利，集中表现各种政治力量对比关系的国家根本法。

　　宪法的根本性表现在以下四个方面：

　　第一，在内容上，宪法规定国家的根本制度、政权组织形式、国家结构形式、公民基本权利和基本义务、宪法实施的保障等内容，反映一个国家政治、经济、文化和社会生活的基本方面。

　　第二，在效力上，宪法在整个法律体系中处于最高的地位，具有最高效力。它是其他法律的立法依据，其他的一般法律都不得抵触宪法。

第三，在规范性上，宪法是各政党、一切国家机关、武装力量、社会团体和全体公民的最根本的行为准则。

第四，在修改程序上，宪法的制定和修改程序比其他一般法律的程序更为严格。

二、我国宪法的地位

中华人民共和国成立后，国家先后颁行了四部宪法。我国的现行宪法是在1982年通过的，至今已经进行了四次修改。

宪法以法律的形式确认了我国各族人民奋斗的成果，规定了国家的根本制度、根本任务和国家生活中最重要的原则，具有最大的权威性和最高的法律效力。全国各族人民、一切国家机关和武装力量、各政党和各社会团体、各企业事业组织，都必须以宪法为根本的活动准则，并负有维护宪法尊严、保证宪法实施的职责。作为根本法的宪法，是中国特色社会主义法律体系的重要组成部分，也是法律体系最核心和最重要的内容。

三、宪法的指导思想

宪法指导思想的明确，经历了一个逐步发展完善的过程。

第一阶段：四项基本原则。

1982年现行宪法制定，确立宪法的指导思想是四项基本原则，即坚持社会主义道路，坚持人民民主专政，坚持中国共产党的领导，坚持马克思列宁主义、毛泽东思想。

第二阶段：建设有中国特色社会主义的理论和党的基本路线。

1993年第二次修宪，以党的十四大精神为指导，突出了建设有中国特色社会主义的理论和党的基本路线。

第三阶段：增加邓小平理论。

1999年第三次修宪，将邓小平理论写入宪法，确立邓小平理论在国家中的指导思想地位。

第四阶段：增加"三个代表"重要思想。

2004年第四次修宪，将"三个代表"重要思想载入宪法，确立其在国家中的指导思想地位。

四、宪法基本原则

（一）人民主权原则

宪法第二条第一款规定："中华人民共和国的一切权力属于人民。""一切权力属于人民"是无产阶级在创建无产阶级政权过程中，在批判性地继承资产阶级民主思想的基础上，对人民主权原则的创造性运用和发展。

（二）基本人权原则

我国宪法第二章"公民的基本权利和义务"专章规定和列举了公民的基本权利，

体现了对公民的宪法保护。2004年的宪法修正案把"国家尊重和保障人权"写入宪法，将中国的宪政发展向前推进了一大步。

（三）法治原则

宪法第五条第一款规定了"中华人民共和国实行依法治国，建设社会主义法治国家"，在宪法上正式确立了法治原则。宪法还规定，一切国家机关和武装力量、各政党和各社会团体、各企业事业组织都必须遵守宪法和法律；一切违反宪法和法律的行为，必须予以追究；任何组织和个人都不得有超越宪法和法律的特权。

（四）民主集中制原则

宪法第三条第一款规定："中华人民共和国的国家机构实行民主集中制的原则。"这既是我国国家机构的组织和活动原则，也是我国宪法的基本原则。

五、宪法确定的国家根本任务

宪法确定的国家的根本任务是：沿着中国特色社会主义道路，集中力量进行社会主义现代化建设。中国各族人民将继续在中国共产党领导下，在马克思列宁主义、毛泽东思想、邓小平理论和"三个代表"重要思想指引下，坚持人民民主专政，坚持社会主义道路，坚持改革开放，不断完善社会主义的各项制度，发展社会主义市场经济，发展社会主义民主，健全社会主义法制，自力更生，艰苦奋斗，逐步实现工业、农业、国防和科学技术的现代化，推动物质文明、政治文明和精神文明协调发展，把我国建设成为富强、民主、文明的社会主义国家。

以案释法 05

一切违反宪法和法律的行为都必须予以追究

2014年8月12日凌晨，公安分局民警在处理一起纠纷案件时，发现人大代表张某涉嫌酒后驾车。随后，前来处理的松江交警支队民警对其进行酒精呼气测试，结果为136毫克/100毫升。另经司法鉴定中心检验和鉴定，张某的血液中乙醇浓度为1.25mg/mL，达到了醉酒状态。经过侦查，张某涉嫌危险驾驶，公安分局决定对张某采取刑事强制措施。由于张某有县人大代表的身份，8月14日，公安分局向该县人大常委会发去关于提请批准对涉嫌危险驾驶罪的县人大代表张某采取刑事拘留强制措施的函。10月24日，县十六届人大常委会二十五次会议听取和审议了关于提请许可对县第十六届人大代表张某采取刑事拘留强制措施并暂停其执行代表职务的议案，并依法进行表决。常委会组成人员21名，实到会17名，表决结果：赞成8票，反对1票，弃权8票。因票数未过常委会组成人员的半数，该议案未获通过。11月27日，警方再次提出对张某采取刑事拘留强制措施的申请，该县人大常委会会议审议通过了再次提请的议案，许可公安分局对张某采取刑事拘留强制措施，并从当日起暂时停止其执行代表职务。

 释解

宪法第五条第四款规定："一切国家机关和武装力量、各政党和各社会团体、各企业事业组织都必须遵守宪法和法律。一切违反宪法和法律的行为，必须予以追究。"在我国，任何组织或者个人都不得有超越宪法和法律的特权。从人大代表履职需要出发，我国相关法律赋予人大代表以特别的人身保障权，但法律保护的是人大代表的合法权益而不是违法行为。人大代表身份不能成为违法犯罪行为的"护身符"，本案的侦办体现了"一切违反宪法和法律的行为，必须予以追究"的宪法规定在司法实践中得到严格执行。

第二节　我国的基本政治经济制度

一、我国的基本政治制度

（一）人民民主专政

宪法所称的国家性质又称国体，是指国家的阶级本质，反映社会各阶级在国家中的地位，体现该国社会制度的根本属性。

我国宪法第一条第一款规定"中华人民共和国是工人阶级领导的、以工农联盟为基础的人民民主专政的社会主义国家"，即人民民主专政是我国的国体。这一国体需要从以下方面理解：

第一，工人阶级的领导是人民民主专政的根本标志。工人阶级的领导地位是由工人阶级的特点、优点和担负的伟大历史使命所决定的。工人阶级对国家的领导是通过自己的先锋队——中国共产党来实现的。

第二，人民民主专政包括对人民实行民主和对敌人实行专政两个方面。在人民内部实行民主是实现对敌人专政的前提和基础，而对敌人实行专政又是人民民主的有力保障，两者是辩证统一的关系。人民民主专政实质上就是无产阶级专政。

第三，共产党领导下的多党合作与爱国统一战线是中国人民民主专政的主要特色。爱国统一战线是指由中国共产党领导的，由各民主党派参加的，包括社会主义劳动者、社会主义事业的建设者、拥护社会主义的爱国者和拥护祖国统一的爱国者组成的广泛的政治联盟。目前我国爱国统一战线的任务是为社会主义现代化建设服务，为实现祖国统一大业服务，为维护世界和平服务。

（二）人民代表大会制度

人民代表大会制度是中国人民民主专政的政权组织形式（政体），是中国的根本政治制度。

1. 人民代表大会制度的主要内容

国家的一切权力属于人民。人民行使国家权力的机关是全国人大和地方各级人大。各级人大都由民主选举产生，对人民负责，受人民监督。人大及其常委会集体行使国家权力，集体决定问题，严格按照民主集中制的原则办事。国家行政机关、审判机关、检察机关都由人大产生，对它负责，向它报告工作，受它监督。全国人大是最高国家权力机关，地方各级人大是地方国家权力机关。全国人大和地方各级人大各自按照法律规定的职权，分别审议决定全国的和地方的大政方针。全国人大对地方人大不是领导关系，而是法律监督关系、选举指导关系和工作联系关系。

2. 人民代表大会制度的优越性

人民代表大会制度是适合我国国情的根本政治制度，它直接体现我国人民民主专政的国家性质，是建立我国其他国家管理制度的基础。它有利于保证国家权力体现人民的意志；它有利于保证中央和地方国家权力的统一；它有利于保证我国各民族的平等和团结。

总之，我国人民代表大会制度能够确保国家权力掌握在人民手中，符合人民当家作主的宗旨，适合我国的国情。

（三）中国共产党领导的多党合作和政治协商制度

中国共产党领导的多党合作和政治协商制度是中华人民共和国的一项基本的政治制度，是具有中国特色的政党制度。这种政党制度是由中国人民民主专政的国家性质决定的。

1. 多党合作制度的基本内容

中国共产党是执政党，各民主党派是参政党，中国共产党和各民主党派是亲密战友。中国共产党是执政党，其执政的实质是代表工人阶级及广大人民掌握人民民主专政的国家政权。各民主党派是参政党，具有法律规定的参政权。其参政的基本点是：参加国家政权，参与国家大政方针和国家领导人人选的协商，参与国家事务的管理，参与国家方针、政策、法律、法规的制定和执行。中国共产党和各民主党派合作的首要前提和根本保证是坚持中国共产党的领导和坚持四项基本原则。中国共产党与各民主党派合作的基本方针是"长期共存，互相监督，肝胆相照，荣辱与共"。中国共产党和各民主党派以宪法和法律为根本活动准则。

2. 多党合作的重要机构

中国人民政治协商会议，简称"人民政协"或"政协"，是中国共产党领导的多党合作和政治协商的重要机构，也是中国人民爱国统一战线组织。中国人民政治协商会议是在中国共产党领导下，由中国共产党、各个民主党派、无党派民主人士、人民团体、各少数民族和各界的代表，台湾同胞、港澳同胞和归国侨胞的代表，以及特别邀请的人士组成，具有广泛的社会基础。

人民政协的性质决定了它与国家机关的职能是不同的。人民政协围绕团结和民主两大主题履行政治协商、民主监督和参政议政的职能。

（四）民族区域自治制度

民族区域自治制度，是指在国家统一领导下，各少数民族聚居的地方实行区域自治，设立自治机关，行使自治权的制度。

1. 自治机关

民族自治地方按行政地位，分为自治区、自治州、自治县。自治区相当于省级行政单位，自治州是介于自治区与自治县之间的民族自治地方，自治县相当于县级行政单位。民族自治地方的自治机关是自治区、自治州、自治县的人大和人民政府。民族自治地方的自治机关实行人民代表大会制度。

2. 自治权

民族自治地方的自治权有以下几个方面：

（1）民族立法权。民族自治地方的人大有权依照当地的政治、经济和文化的特点，制定自治条例和单行条例。

（2）变通执行权。上级国家机关的决议、决定、命令和指标，如果不适合民族自治地方实际情况，自治机关可以报经上级国家机关批准，变通执行或者停止执行。

（3）财政经济自主权。凡是依照国家规定属于民族自治地方的财政收入，都应当由民族自治地方的自治机关自主安排使用。

（4）文化、语言文字自主权。民族自治地方的自治机关在执行公务的时候，依照本民族自治地方自治条例的规定，使用当地通用的一种或者几种语言文字。

（5）组织公安部队权。民族自治地方的自治机关依照国家的军事制度和当地的实际需要，经国务院批准，可以组织本地方维护社会治安的公安部队。

（6）少数民族干部具有任用优先权。

（五）基层群众自治制度

基层群众自治制度是指人民依法组成基层自治组织，行使民主权利，管理基层公共事务和公益事业，实行自我管理、自我服务、自我教育、自我监督的一项制度。

中国的基层群众自治制度，是在新中国成立后的民主实践中逐步形成的。党的十七大将"基层群众自治制度"首次写入党代会报告，正式与人民代表大会制度、中国共产党领导的多党合作和政治协商制度、民族区域自治制度一起，纳入了中国特色政治制度范畴。

我国的基层群众自治组织主要是居民委员会和村民委员会。

二、我国的基本经济制度

（一）所有制度

1. 我国的所有制结构概述

我国的所有制结构是公有制为主体、多种所有制经济共同发展。这是我国社会主义初级阶段的一项基本经济制度，它的确立是由我国的社会主义性质和初级阶段的国情决定的。我国是社会主义国家，必须坚持把公有制作为社会主义经济制度的基础。我国处在社会主义初级阶段，需要在公有制为主体的条件下发展多种所有制经济。一切符合"三个有利于"的所有制形式都可以而且应该用来为社会主义服务。我国社会主义建设正反两方面的经验都表明必须坚持以公有制为主体、多种所有制经济共同发展。

2. 公有制

（1）公有制的内容。公有制是生产资料归劳动者共同所有的所有经济结构形式，包括全民所有制和集体所有制。全民所有制经济即国有经济，是国民经济的主导力量。国家保障国有经济的巩固和发展。集体所有制经济是国民经济的基础力量。国家保护城乡集体经济组织的合法的权利和利益，鼓励、指导和帮助集体经济的发展。

（2）公有制的地位。公有制是我国所有制结构的主体，它的主体地位体现在：第一，就全国而言，公有资产在社会总资产中占优势；第二，国有经济控制国民经济的命脉，对经济发展起主导作用。国有经济的主导作用主要体现在控制力上，即体现在控制国民经济发展方向，控制经济运行的整体态势，控制重要稀缺资源的能力上。在关系国民经济的重要行业和关键领域，国有经济必须占支配地位。

（3）公有制的作用。生产资料公有制是社会主义的根本经济特征，是社会主义经济制度的基础，是国家引导、推动经济和社会发展的基本力量，是实现最广大人民群众根本利益和共同富裕的重要保证。坚持公有制为主体，国有经济控制国民经济命脉，对发挥社会主义制度的优越性，增强我国的经济实力、国防实力和民族凝聚力，提高我国国际地位，具有关键性作用。

3. 非公有制

非公有制经济是我国现阶段除了公有制经济形式以外的所有经济结构形式，主要包括个体经济、私营经济、外资经济等。

（1）个体经济，是由劳动者个人或家庭占有生产资料，从事个体劳动和经营的所有制形式。它是以劳动者自己劳动为基础，劳动成果直接归劳动者所有和支配。

（2）私营经济，是以生产资料私有和雇佣劳动为基础，以取得利润为目的的所有制形式。

（3）外资经济，是我国发展对外经济关系，吸引外资建立起来的所有制形式。

它包括中外合资经营企业、中外合作经营企业中的境外资本部分，以及外商独资企业。

非公有制经济是我国社会主义市场经济的重要组成部分，国家保护个体经济、私营经济等非公有制经济的合法权利和利益，鼓励、支持和引导非公有制经济的发展，并对非公有制经济依法实行监督和管理。

（二）分配制度

我国现行的分配制度是以按劳分配为主体、多种分配方式并存的分配制度。这种分配制度是由我国社会主义初级阶段的生产资料所有制结构、生产力的发展水平，以及人们劳动差别的存在决定的，同时也是发展社会主义市场经济的客观要求。

按劳分配的主体地位表现在：（1）全社会范围的收入分配中，按劳分配占最大比重，起主要作用；（2）公有制经济范围内劳动者总收入中，按劳分配收入是最主要的收入来源。除了按劳分配以外，其他分配方式主要还包括按经营成果分配；按劳动、资本、技术、土地等其他生产要素分配。

第三节　公民的基本权利和义务

一、公民的基本权利

公民的基本权利是由一国的宪法规定的公民享有的，主要的、必不可少的权利，故有些国家又把公民的基本权利称为宪法权。

（一）平等权

宪法第三十三条第二款规定："中华人民共和国公民在法律面前一律平等。"这既是我国社会主义法治的一项重要原则，也是我国公民的一项基本权利。其含义有以下几点：第一，我国公民不分民族、种族、性别、职业、家庭出身、宗教信仰、教育程度、财产状况、居住期限，一律平等地享有宪法和法律规定的权利并平等地承担相应的义务；第二，国家机关对公民平等权利进行保护，对公民履行义务平等进行约束；第三，所有公民在适用法律上一律平等，不允许任何组织和个人有超越宪法和法律之上的特权；第四，法律面前一律平等还包括民族平等和男女平等。

（二）政治权利和自由

1.选举权与被选举权

宪法第三十四条规定："中华人民共和国年满十八周岁的公民，不分民族、种族、性别、职业、家庭出身、宗教信仰、教育程度、财产状况、居住期限，都有选举权和被选举权；但是依照法律被剥夺政治权利的人除外。"选举权与被选举权包含以下内容：公民有权按照自己的意愿选举人民代表；公民有被选举为人民代表的权利；

公民有依照法定程序罢免那些不称职的人民代表的权利。

选举权和被选举权是公民参加国家管理的一项最基本的政治权利，也是最能体现人民群众当家作主的一项权利。

2. 言论、出版、集会、结社、游行、示威的自由

宪法第三十五条规定："中华人民共和国公民有言论、出版、集会、结社、游行、示威的自由。"言论自由就是宪法规定公民通过口头或书面形式表达自己意见的自由。出版自由是公民以出版物形式表达其思想和见解的自由。集会自由是指公民享有宪法赋予的聚集在一定场所商讨问题或表达意愿的自由。结社自由是公民为一定宗旨，依照法定程序组织或参加具有连续性的社会团体的自由。游行自由是指公民采取列队行进的方式来表达意愿的自由。示威自由是指通过集会或游行、静坐等方式表达强烈意愿的自由。

我国宪法一方面保障公民享有集会、游行、示威等自由，另一方面也规定了公民应当遵守有关的法律规定。

（三）宗教信仰自由

宪法第三十六条第一款规定："中华人民共和国公民有宗教信仰自由。"尊重和保护宗教信仰自由，是我们党和国家长期的基本政策。

（四）人身自由

宪法第三十七条规定："中华人民共和国公民的人身自由不受侵犯。任何公民，非经人民检察院批准或者决定或者人民法院决定，并由公安机关执行，不受逮捕。禁止非法拘禁和以其他方法非法剥夺或者限制公民的人身自由，禁止非法搜查公民的身体。"

人身自由有广义、狭义之分。狭义的人身自由是指公民的身体自由不受侵犯。广义的人身自由还包括公民的人格尊严不受侵犯、公民的住宅不受侵犯、公民的通信自由和通信秘密受法律保护。

人身自由不受侵犯，是公民最起码、最基本的权利，是公民参加各种社会活动和享受其他权利的先决条件。

（五）监督权

监督权是指宪法赋予公民监督国家机关及其工作人员的活动的权利，包括：

批评权。公民有对国家机关和国家工作人员工作中的缺点和错误提出批评意见的权利。

建议权。公民有对国家机关和国家工作人员的工作提出合理化建议的权利。

控告权。公民对任何国家机关和国家工作人员的违法失职行为有向有关机关进行揭发和指控的权利。

检举权。公民对于违法失职的国家机关和国家工作人员，有向有关机关揭发事

实，请求依法处理的权利。

申诉权。公民的合法权益因行政机关或司法机关作出的错误的、违法的决定或裁判，或者因国家工作人员的违法失职行为而受到侵害时，有向有关机关申诉理由、要求重新处理的权利。

（六）社会经济权利

劳动权。劳动权是指有劳动能力的公民有获得工作并取得相应报酬的权利。

休息权。休息权是为保护劳动者的身体健康和提高劳动效率而休息的权利。

退休人员生活保障权。退休人员生活保障权是指退休人员的生活受到国家和社会保障的权利。

获得物质帮助权。获得物质帮助权是指公民在年老、疾病或者丧失劳动能力的情况下，有从国家和社会获得物质帮助的权利。

（七）文化教育权利

公民有受教育的权利。公民享有从国家接受文化教育的机会和获得受教育的物质帮助的权利。

公民有进行科研、文艺创作和其他文化活动的自由。我国宪法规定，公民有进行科学研究、文学艺术创作和其他文化活动的自由。国家对于从事教育、科学、技术、文学、艺术和其他文化事业的公民的有益于人民的创造性工作，给以鼓励和帮助。

（八）对社会特定人的权利的保护

国家保护妇女的权利和利益。宪法第四十八条规定："中华人民共和国妇女在政治的、经济的、文化的、社会的和家庭的生活等各方面享有同男子平等的权利。国家保护妇女的权利和利益，实行男女同工同酬，培养和选拔妇女干部。"

婚姻、家庭、老人和儿童受国家的保护。宪法第四十九条规定，婚姻、家庭、母亲和儿童受国家的保护；禁止破坏婚姻自由，禁止虐待老人、妇女和儿童。

国家保护华侨、归侨和侨眷的权利和利益。宪法第五十条规定："中华人民共和国保护华侨的正当的权利和利益，保护归侨和侨眷的合法的权利和利益。"

二、公民的基本义务

宪法规定的公民基本义务包括：

第一，维护国家统一和各民族团结的义务。宪法第五十二条规定："中华人民共和国公民有维护国家统一和全国各民族团结的义务。"

第二，遵纪守法和尊重社会公德的义务。宪法第五十三条规定："中华人民共和国公民必须遵守宪法和法律，保守国家秘密，爱护公共财产，遵守劳动纪律，遵守公共秩序，尊重社会公德。"

第三，维护祖国的安全、荣誉和利益的义务。宪法第五十四条规定："中华人民共和国公民有维护祖国的安全、荣誉和利益的义务，不得有危害祖国的安全、荣誉和利益的行为。"

第四，保卫祖国，依法服兵役和参加民兵组织。宪法第五十五条规定："保卫祖国，抵抗侵略是中华人民共和国每一个公民的神圣职责。依照法律服兵役和参加民兵组织是中华人民共和国公民的光荣义务。"

第五，依法纳税的义务。宪法第五十六条规定："中华人民共和国公民有依照法律纳税的义务。"

第六，其他义务。宪法规定的公民基本义务还包括：劳动的义务、受教育的义务、夫妻双方有实行计划生育的义务、父母有抚养教育未成年子女的义务以及成年子女有赡养扶助父母的义务等。

第四节　国家机构的设置及功能

一、国家机构的概述

国家机构是国家为了实现其职能而建立起来的国家机关的总和。我国国家机构由权力机关、行政机关、军事机关、审判机关、检察机关组成。我国国家机构的组织和活动有五大原则：一是民主集中制原则；二是联系群众，为人民服务原则；三是社会主义法治原则；四是责任制原则；五是精简和效率原则。

二、权力机关

（一）全国人大及其常委会

1.全国人大

全国人大是全国最高的权力机关、立法机关，不只是在权力机关中的地位最高，而且在所有的国家机关中地位最高。全国人大由省、自治区、直辖市、特别行政区和军队选出的代表组成。各少数民族都应当有适当名额的代表。全国人大每届任期五年。

全国人大的主要职权：

立法权。修改宪法，制定和修改刑事、民事、国家机构的和其他的基本法律。

任免权。选举、决定和任免最高国家机关领导人和有关组成人员。

决定权。决定国家重大事务。

监督权。监督宪法和法律的实施，监督最高国家机关的工作。

2.全国人大常委会

全国人大常委会是全国人大的常设机关，是最高国家权力机关的组成部分，在全国人大闭会期间，行使最高国家权力。全国人大常委会对全国人大负责并报告工作。全国人大选举并有权罢免全国人大常委会的组成人员。全国人大常委会每届任期同全国人大每届任期相同，它行使职权到下届全国人大选出新的常委会为止。

（二）地方各级人大及人大常委会

地方各级人大是地方权力机关。省、直辖市、自治区、县、市、市辖区、乡、民族乡、镇设立人大。县级以上的地方各级人大设立常委会，作为本级人大的常设机关。县级以上地方各级人大及其常委会委员每届任期五年。

（三）民族自治地方各级人大及人大常委会

民族自治地方的权力机关是自治区、自治州、自治县的人民代表大会。

民族自治地方的人民代表大会有权依照当地民族的政治、经济和文化的特点，制定自治条例和单行条例。自治区的自治条例和单行条例，报全国人民代表大会常务委员会批准后生效。自治州、自治县的自治条例和单行条例，报省或者自治区的人民代表大会常务委员会批准后生效，并报全国人民代表大会常务委员会备案。

三、国家主席

国家主席是我国国家机构体系中的一个国家机关，和全国人大常委会结合起来行使国家职权，对外代表中华人民共和国。

国家主席、副主席，由全国人大选举产生，任期是五年，连续任期不得超过两届。

国家主席根据全国人民代表大会的决定和全国人民代表大会常务委员会的决定，公布法律，任免国务院总理、副总理、国务委员、各部部长、各委员会主任、审计长、秘书长，授予国家的勋章和荣誉称号，发布特赦令，宣布进入紧急状态，宣布战争状态，发布动员令。

国家主席代表中华人民共和国进行国事活动，接受外国使节；根据全国人民代表大会常务委员会的决定，派遣和召回驻外全权代表，批准和废除同外国缔结的条约和重要协定。

四、行政机关

（一）国务院

国务院即中央人民政府，是国家最高行政机关，是国家最高权力机关的执行机关，统一领导全国各级行政机关的工作。

国务院由总理、副总理、国务委员、各部部长、各委员会主任、审计长、秘书长组成，国务院组成人员的任期为五年，总理、副总理、国务委员的连续任期不得超过两届。

国务院向全国人大及其常委会负责并报告工作，总理领导国务院的工作，副总理、国务委员协助总理工作。

国务院行使以下职权：第一，根据宪法和法律，规定行政措施，制定行政法规，发布决定和命令；第二，向全国人民代表大会或者全国人民代表大会常务委员会提出议案；第三，规定各部和各委员会的任务和职责，统一领导各部和各委员会的工作，并且领导不属于各部和各委员会的全国性的行政工作；第四，统一领导全国地方各级国家行政机关的工作，规定中央和省、自治区、直辖市的国家行政机关的职权的具体划分；第五，编制和执行国民经济和社会发展计划和国家预算；第六，领导和管理经济工作和城乡建设；第七，领导和管理教育、科学、文化、卫生、体育和计划生育工作；第八，领导和管理民政、公安、司法行政和监察等工作；第九，管理对外事务，同外国缔结条约和协定；第十，领导和管理国防建设事业；第十一，领导和管理民族事务，保障少数民族的平等权利和民族自治地方的自治权利；第十二，保护华侨的正当的权利和利益，保护归侨和侨眷的合法的权利和利益；第十三，改变或者撤销各部、各委员会发布的不适当的命令、指示和规章；第十四，改变或者撤销地方各级国家行政机关的不适当的决定和命令；第十五，批准省、自治区、直辖市的区域划分，批准自治州、县、自治县、市的建置和区域划分；第十六，依照法律规定决定省、自治区、直辖市的范围内部分地区进入紧急状态；第十七，审定行政机构的编制，依照法律规定任免、培训、考核和奖惩行政人员；第十八，全国人民代表大会和全国人民代表大会常务委员会授予的其他职权。

（二）地方各级人民政府

地方各级人民政府是地方国家行政机关，也是地方各级人大的执行机关。地方各级人民政府对本级人大和上一级国家行政机关负责并报告工作。县级以上的地方各级人民政府在本级人大闭会期间，对本级人大常委会负责并报告工作。地方各级人民政府都受国务院统一领导，负责组织和管理本行政区域的各项行政事务。

（三）民族自治地方各级人民政府

民族自治地方的行政机关是自治区、自治州、自治县的人民政府。民族自治地方各级人民政府行使宪法规定的地方各级人民政府的职权，同时依照宪法、民族区域自治法和其他法律规定的权限行使自治权，根据本地方实际情况贯彻执行国家的法律、政策。

五、军事机关

中央军委是中国共产党领导下的最高军事领导机关，统率全国武装力量（解放军、武装警察部队、民兵、预备役）。

中央军委由主席、副主席、委员组成，实行主席负责制。主席由全国人大选举产生，副主席和委员根据主席的提名由大会决定，大会闭会期间由人大常委会决定。中央军委的委员每届任期五年，主席和副主席可以终身任职。

中央军委实行主席负责制，军委主席直接对全国人大及其常委会负责。

六、审判机关

人民法院是国家的审判机关，依法独立行使审判权，不受行政机关、团体和个人的非法干预。人民法院体系由最高人民法院、地方人民法院（高级人民法院、中级人民法院、基层人民法院）、专门人民法院（军事法院、海事法院、铁路运输法院）构成。

最高人民法院是国家最高的审判机关，地方人民法院是地方的审判机关，专门人民法院是专门审判机关。最高人民法院监督地方各级人民法院和专门人民法院的审判工作，上级人民法院监督下级人民法院的审判工作。

最高人民法院对全国人大和全国人大常委会负责。地方各级人民法院对产生它的国家权力机关负责。

最高人民法院由院长、副院长、庭长、副庭长、审判员等若干人组成。最高人民法院的院长由全国人大选举产生，任期五年，连任不得超过两届。

七、检察机关

人民检察院是国家的法律监督机关，依法独立行使检察权，不受行政机关、社会团体和个人的干涉。

人民检察院体系由最高人民检察院、地方人民检察院和专门人民检察院构成。

最高人民检察院是最高法律监督机关，领导地方各级人民检察院和专门人民检察院的工作，上级人民检察院领导下级人民检察院的工作。

最高人民检察院对全国人大及其常委会负责。地方各级人民检察院对产生它的国家权力机关和上级人民检察院负责。

全国人大选举产生最高人民检察院检察长；根据最高人民检察院检察长的提请，全国人大常委会任免最高人民检察院副检察长、检察员、检察委员会委员和军事检察院检察长，并且批准省、自治区、直辖市的人民检察院检察长的任免。

第五节　国家宪法日和宪法宣誓制度

一、国家宪法日

（一）国家宪法日的设立

党的十八届四中全会通过的《中共中央关于全面推进依法治国若干重大问题的决定》提出，将每年12月4日定为国家宪法日。2014年11月1日，十二届全国人大常委会十一次会议通过的《全国人民代表大会常务委员会关于设立国家宪法日的决定》，正式将12月4日设立为国家宪法日；决定在宪法日，国家通过多种形式开展宪法宣传教育活动。

（二）国家宪法日的设立目的及意义

宪法是国家的根本法，是治国安邦的总章程，具有最高的法律地位、法律权威和法律效力。全面贯彻实施宪法，是全面推进依法治国、建设社会主义法治国家的首要任务和基础性工作。全国各族人民、一切国家机关和武装力量、各政党和各社会团体、各企业事业组织，都必须以宪法为根本的活动准则，并且负有维护宪法尊严、保证宪法实施的职责。任何组织或者个人都不得有超越宪法和法律的特权，一切违反宪法和法律的行为都必须予以追究。国家宪法日设立的目的，是为了增强全社会的宪法意识，弘扬宪法精神，加强宪法实施，全面推进依法治国。设立国家宪法日，有助于树立宪法权威，维护宪法尊严；有助于普及宪法知识，增强全社会宪法意识，弘扬宪法精神；有助于扩大宪法实施的群众基础，加强宪法实施的良好氛围，弘扬中华民族的宪法文化。

二、宪法宣誓制度

（一）宪法宣誓制度的确立及意义

2015年7月1日，十二届全国人大常委会十五次会议通过了《全国人民代表大会常务委员会关于实行宪法宣誓制度的决定》，以国家立法形式确立了我国的宪法宣誓制度，该决定自2016年1月1日起施行。决定指出：宪法是国家的根本法，是治国安邦的总章程，具有最高的法律地位、法律权威和法律效力。国家工作人员必须树立宪法意识，恪守宪法原则，弘扬宪法精神，履行宪法使命。宪法宣誓制度的确立及实行，具有非常重要的意义。

实行宪法宣誓制度有利于树立宪法权威；有利于增强国家工作人员的宪法观念，激励和教育国家工作人员忠于宪法、遵守宪法、维护宪法。宪法宣誓仪式是庄严神圣的，宣誓人员通过感受宪法的神圣，铭记自己的权力来源于人民、来源于宪法，在履行职务时就可以严格按照宪法的授权行使职权，发现违反宪法的行为就能够坚决地捍卫宪法、维护宪法。实行宪法宣誓制度也有利于在全社会增强宪法意识。通过宪法宣誓活动，可以强化全体公民对宪法最高法律效力、最高法律权威、最高法律地位的认识，可以提高全体社会成员自觉遵守宪法，按照宪法规定行使权利和履行义务的能力。

（二）宪法宣誓制度的适用主体

根据《全国人民代表大会常务委员会关于实行宪法宣誓制度的决定》的规定，宪法宣誓制度的适用主体主要有：各级人大及县级以上各级人大常委会选举或者决定任命的国家工作人员，以及各级人民政府、人民法院、人民检察院任命的国家工作人员。

全国人大选举或者决定任命的国家主席、副主席，全国人大常委会委员长、副委员长、秘书长、委员，国务院总理、副总理、国务委员、各部部长、各委员会主任、中国人民银行行长、审计长、秘书长，中央军委主席、副主席、委员，最高人民法院院长，最高人民检察院检察长，以及全国人大专门委员会主任委员、副主任委员、委员等，在依照法定程序产生后，进行宪法宣誓。在全国人大闭会期间，全国人大常委会任命或者决定任命的全国人大专门委员会个别副主任委员、委员，国务院部长、委员会主任、中国人民银行行长、审计长、秘书长，中央军委副主席、委员，在依照法定程序产生后，进行宪法宣誓。全国人大常委会任命的全国人大常委会副秘书长，全国人大常委会工作委员会主任、副主任、委员，全国人大常委会代表资格审查委员会主任委员、副主任委员、委员等，在依照法定程序产生后，进行宪法宣誓。以上宣誓仪式由全国人大常委会委员长会议组织。

全国人大常委会任命或者决定任命的最高人民法院副院长、审判委员会委员、庭长、副庭长、审判员和军事法院院长，最高人民检察院副检察长、检察委员会委员、检察员和军事检察院检察长，国家驻外全权代表，在依照法定程序产生后，进行宪法宣誓。宣誓仪式由最高人民法院、最高人民检察院、外交部分别组织。

国务院及其各部门、最高人民法院、最高人民检察院任命的国家工作人员，在就职时进行宪法宣誓。宣誓仪式由任命机关组织。

地方各级人大及县级以上地方各级人大常委员会选举或者决定任命的国家工作人员，以及地方各级人民政府、人民法院、人民检察院任命的国家工作人员，在依照法定程序产生后，进行宪法宣誓。宣誓的具体组织办法由省、自治区、直辖市人民代表大会常务委员会参照《全国人民代表大会常务委员会关于实行宪法宣誓制度的决定》制定，报全国人民代表大会常务委员会备案。

（三）宪法宣誓誓词内容

根据《全国人民代表大会常务委员会关于实行宪法宣誓制度的决定》的规定，宪法宣誓誓词为："我宣誓：忠于中华人民共和国宪法，维护宪法权威，履行法定职责，忠于祖国、忠于人民，恪尽职守、廉洁奉公，接受人民监督，为建设富强、民主、文明、和谐的社会主义国家努力奋斗！"

（四）宪法宣誓形式

根据决定的规定，宪法宣誓仪式根据情况，可以采取单独宣誓或者集体宣誓的形式。单独宣誓时，宣誓人应当左手抚按《中华人民共和国宪法》，右手举拳，诵读誓词。集体宣誓时，由一人领誓，领誓人左手抚按《中华人民共和国宪法》，右手举拳，领诵誓词；其他宣誓人整齐排列，右手举拳，跟诵誓词。宣誓场所应当庄重、严肃，悬挂中华人民共和国国旗或者国徽。负责组织宣誓仪式的机关，可以根据决定并结合实际情况，对宣誓的具体事项作出规定。

第三章

我国行政法律制度

  依法行政是依法治国基本方略的重要组成部分，对建设法治中国具有重大意义。依法行政，是政府行政权运行的基本原则，它要求行政机关行使行政权力必须要有法律授权，强调有权有责，用权受监督，损害须赔偿，违法须纠正。

  行政法是关于行政权授予、行政权的行使，以及对行政权的授予、行使进行监督的法律规范的总和。主要包括三方面的内容。一是行政组织法，即关于行政权的授予和组织行政机关的法律。由行政组织法、行政编制法和公务员法等法律组成。二是行政行为法，即关于行政权行使的法律，由行政许可、行政处罚、行政收费、行政强制、行政征收、行政裁决等法律组成。这部分的行政法律制度具有普遍适用性，与各级政府及各个部门都有关。此外，还有按行政管理事项划分的涉及行政权行使的法律，称为部门行政法，如公安、环保、税务等。三是行政监督法，即对行政机关的组织、行政权的行使进行监督的法律。由行政监察法、审计法、行政复议法、行政诉讼法、行政赔偿法等组成。

第一节　我国依法行政的发展历程

  1978年党的十一届三中全会的召开，为我国的民主法制建设指明了前进的方向，奠定了坚实的思想基础，为发扬社会主义民主、健全社会主义法制提供了强有力的政治保障。1979年，包括国家机构、刑事、民事在内的一批规范国家政治、经济、文化和社会生活的法律相继出台，为在国家和社会事务管理方面实现有法可依、有法必依、执法必严、违法必究打下了基础。

1982年，现行宪法颁布，对国家机构及其相互关系和职责权限、公民的权利义务等，作出了许多新的重要规定。该部宪法第五条明确规定："国家维护社会主义法制的统一和尊严。一切法律、行政法规和地方性法规都不得同宪法相抵触。一切国家机关和武装力量、各政党和各社会团体、各企业事业组织都必须遵守宪法和法律。一切违反宪法和法律的行为，必须予以追究。任何组织或者个人都不得有超越宪法和法律的特权。"这是依法行政的重要宪法依据。在此期间，国务院组织法和地方组织法的出台，也从制度建设上进一步推动了依法行政的进程。

1984年全国人大六届三次会议上，彭真同志明确提出，国家管理要从依靠政策办事逐步过渡到不仅仅依靠政策还要建立、健全法制，依法办事。随着经济体制改革的不断深入，民主法制观念的逐步加强，1989年4月行政诉讼法颁布。这是我国行政立法指导思想和价值取向的一次重大转变，标志着我国从注重行政权力的确立与维护，开始转向对行政权力的监督与制约，对公民权利的具体确认与保护。这是通过实践"民"告"官"的诉讼程序来促进行政机关依法行政的一项重大举措。

1992年党的十四大正式确立了社会主义市场经济体制，加快依法行政步伐，已成为时代和社会发展的客观要求。1993年八届全国人大一次会议通过的《政府工作报告》明确提出："各级政府都要依法行政，严格依法办事。一切公务人员都要带头学法、懂法，做执法守法的模范。"这是我国第一次以政府文件的形式正式明确提出依法行政的原则。1997年9月，党的十五大正式确立了依法治国、建设社会主义法治国家的基本方略，依法行政的进程从此开始全面提速。

2002年11月，召开的党的十六大，把发展社会主义民主政治，建设社会主义政治文明，作为全面建设小康社会的重要目标之一，明确提出加强对执法活动的监督，推进依法行政。2007年10月，召开的党的十七大，从全面落实依法治国基本方略，加快建设社会主义法治国家的高度，就推行依法行政、加快行政管理体制改革，建设服务型政府，完善制约机制，健全组织法制和程序规则，保证国家机关按照法定权限和程序行使权力、履行职责等提出具体要求。

在此期间，国家公务员暂行条例（1993）、国家赔偿法（1994）、行政处罚法（1996）、行政监察法（1997）、行政复议法（1999）、立法法（2000）、政府采购法（2002）、行政许可法（2003）、公务员法（2005）、行政强制法（2011）等陆续出台，依法行政的体制机制不断健全、依法行政的法律制度日渐完备。

与此同时，1999年11月国务院发布了《关于全面推进依法行政的决定》，对依法行政提出了具体要求。2004年3月国务院颁发了《全面推进依法行政实施纲要》，对全国依法行政的现状进行了深刻总结，对进一步深入推进依法行政提出了全面要求，并第一次明确提出经过十年左右坚持不懈的努力，基本实现建设法治政府的工作目标。

鉴于依法行政的重点难点在市县两级，2008年5月国务院还进一步作出了《关于加强市县政府依法行政的决定》，就扎实推进市县政府依法行政提出工作要求。2012年11月，党的十八大明确要求，推进依法行政，切实做到严格规范公正文明执法。2013年11月，党的十八届三中全会进一步明确提出，建设法治中国，必须坚持依法治国、依法执政、依法行政共同推进，坚持法治国家、法治政府、法治社会一体建设。依法行政被纳入法治中国建设进程中统一部署、整体推进。2014年11月，党的十八届四中全会就深入推进依法行政，加快建设法治政府作出总体部署，要求各级政府必须坚持在党的领导下、在法治轨道上开展工作，加快建设职能科学、权责法定、执法严明、公开公正、廉洁高效、守法诚信的法治政府。

第二节　行政组织法

行政组织法是规范行政机关的职能、组织、编制的法律制度。我国宪法明确规定，中华人民共和国的一切权力属于人民。人民行使国家权力的机关是全国人大和地方各级人大。国家的行政机关是权力机关的执行机关。因此从根本上讲，行政机关行使的行政权力是权力机关通过法律授予的。正因为如此，行政机关必须遵循职权法定原则，不能法外行权。行政组织法中就是规范有关行政组织的性质、地位、职权、职能等方面的法律总称。

行政组织是行政权力的载体，行政组织法通过对行政机关的机构设置、编制与职数、活动方式，以及行政机关的设立、变更和撤销程序等的规定，进而对行政权力行使进行制约，以避免主观随意性。在这方面，我国的国务院组织法和地方组织法，对规范国务院和地方政府的机构设置与职权行使，起到了重要作用。

一、国务院组织法

1982年制定的国务院组织法，是根据宪法中有关国务院的规定内容，对国务院的组成、组织原则、职权行使、会议制度、部委设置等均作出了明确规定。

根据国务院组织法的规定，国务院由总理、副总理、国务委员、各部部长、各委员会主任、审计长、秘书长组成；国务院实行总理负责制，总理领导国务院的工作，副总理、国务委员协助总理工作；国务院行使宪法第八十九条规定的职权；国务院会议分为国务院全体会议和国务院常务会议。国务院全体会议由国务院全体成员组成。国务院常务会议由总理、副总理、国务委员、秘书长组成。国务院工作中的重大问题，必须经国务院常务会议或者国务院全体会议讨论决定；国务院秘书长在总理领导下，负责处理国务院的日常工作；国务院各部、各委员会的设立、撤销或者合并，经总理提出，由全国人大决定；在全国人大闭会期间，由全国人大常委会决定；国务院各部、各委员会实行部长、主任负责制。各部部长、各委员会主任领导本部门的工作，召集和主持部务会议或者委员会会议、委务会议，签署上报国务院的重要请示、报告和下达的命令、指示。各部、各委员会工作中的方针、政策、计划和重大行政措施，应向国务院请示报告，由国务院决定。根据法律和国务院的决定，主管部、委员会可以在本部门的权限内发布命令、指示和规章。

二、地方组织法

《地方各级人民代表大会和地方各级人民政府组织法》于1979年通过，并于2015年作了最新修正。它具体规定了地方各级人民政府的性质、组成、任期、职权、组织原则、会议制度、机构设置等，为规范和制约地方各级政府的行政权力的行使提供了基本的法律依据。

根据地方组织法的规定，地方各级人民政府是地方各级人大的执行机关，是地方各级国家行政机关，对本级人大和上一级国家行政机关负责并报告工作。地方各级人民政府都是国务院统一领导下的国家行政机关，都服从国务院。省、自治区、直辖市、自治州、设区的市的人民政府分别由省长、副省长，自治区主席、副主席，市长、副市长，州长、副州长和秘书长、厅长、局长、委员会主任等组成。县、自治县、不设区的市、市辖区的人民政府分别由县长、副县长，市长、副市长，区长、副区长和局长、科长等组成。乡、民族乡的人民政府设乡长、副乡长。民族乡的乡长由建立民族乡的少数民族公民担任。镇人民政府设镇长、副镇长。地方各级人民政府每届任期五年。

此外，这部法律还具体规定了地方各级人民政府的职权、组织原则、会议制度、内设机构、管理体制等。

尽管我国法律对行政部门的设置、行政权力的行使有着相应的法律规范和制约，但多年来的实践同时也证明，行政机关职权不清、相互交叉冲突，政府职能转变不能适应市场经济的需要，机构臃肿，人浮于事等问题始终存在并难以解决。由于已有的行政组织法还不能完全起到应有的规范和制约作用，以致有时还不得不辅之以相应的机构改革。正因为如此，1997年党的十五大就曾明确提出，深化行政体制改革，实现国家机构组织、职能、编制、工作程序的法定化。2013年党的十八届三中全会进一步明确提出，转变政府职能必须深化机构改革。优化政府机构设置、职能配置、工作流程，完善决策权、执行权、监督权既相互制约又相互协调的行政运行机制。为此，切实按照党中央的要求，进一步完善行政组织法成为当前完善行政法律制度面临的一项重要任务。

三、公务员法

这部法律制定于2005年，具体规定了公务员的入职条件、权利义务、职务级别、录用考核、职务任免、职务升降、奖励惩戒与培训、交流与回避、工资福利保险、辞职辞退与退休、申诉控告、职位聘任及法律责任。这部法律的制定和实施，为规范公职人员的组织管理和职务履行提供了基本的法律遵循。

根据该法的规定，公务员职务分为领导职务和非领导职务。领导职务层次分为：国家级正职、国家级副职、省部级正职、省部级副职、厅局级正职、厅局级副职、县处级正职、县处级副职、乡科级正职、乡科级副职。非领导职务层次在厅局级以下设置。综合管理类的非领导职务分为：巡视员、副巡视员、调研员、副调研员、主任科员、副主任科员、科员、办事员。各机关依照确定的职能、规格、编制限额、职数以及结构比例，设置本机关公务员的具体职位，并确定各职位的工作职责和任职资格条件以及考核、奖惩、专门纪律要求、回避、辞职、辞退、退休、申诉控告等内容。

第三节　行政行为法

行政行为一般是指行政机关依法行使权力，管理公共事务，直接或间接产生法律后果的行为。各行政机关共同性的行政行为，可分为行政立法行为和行政执法行为。其中，行政立法行为主要是指国务院制定行政法规、国务院各部委制定部委规章，各省、自治区、直辖市政府、省会市和经国务院批准的较大市政府和设区的市制定地方规章的行为。行政执法行为，又称具体行政行为，是指行政机关行使行政权力，对特定的公民、法人和其他组织作出的有关其权利义务的单方行为。具体行政行为的表现形式包括：行政命令、行政征收、行政许可、行政确认、行政监督检查、行政处罚、行政强制、行政给付、行政奖励、行政裁决、行政赔偿等。随着推进依法治国、建设法治政府的需要，我国陆续出台了一系列行政行为法，适用频率高的有行政许可法、行政处罚法和行政强制法。

一、行政许可法

行政许可是指行政机关根据公民、法人或者其他组织的申请，经依法审查，准予其从事特定活动的行为。2003年颁布实施的行政许可法，对行政许可的实施机关、行政许可的实施程序、申请与受理、审查与决定、期限、听证、变更与延续，以及行政许可的费用和监督检查等作出了具体规定。实践证明，这部法律的颁布实施，对规范行政许可的设定和实施，保护公民、法人和其他组织的合法权益，维护公共利益和社会秩序，保障和监督行政机关有效实施行政管理，提供了重要的法律保障。这部法律具体规定的内容主要包括：

（一）行政许可的设定范围

设定行政许可的应当属于直接涉及国家安全、公共安全、经济宏观调控、生态环境保护以及直接关系人身健康、生命财产安全等特定活动，需要按照法定条件予以批准的事项；有限自然资源开发利用、公共资源配置以及直接关系公共利益的特定行业的市场准入等，需要赋予特定权利的事项；提供公众服务并且直接关系公共利益的职业、行业，需要确定具备特殊信誉、特殊条件或者特殊技能等资格、资质的事项；直接关系公共安全、人身健康、生命财产安全的重要设备、设施、产品、物品，需要按照技术标准、技术规范，通过检验、检测、检疫等方式进行审定的事项；企业或者其他组织的设立等，需要确定主体资格的事项；法律、行政法规规定可以设定行政许可的其他事项。但上述事项如果属于公民、法人或者其他组织能够自主决定的；市场竞争机制能够有效调节的；行业组织或者中介机构能够自律管理的；行政机关采用事后监督等其他行政管理方式能够解决的，便可以不设行政许可。该法同时还明确规定，法规、规章对实施上位法设定的行政许可作出的具体规定，不得增设行政许可；对行政许可条件作出的具体规定，不得增设违反上位法的其他条件。

（二）行政许可的实施机关

行政许可的实施机关主要包括有权行政机关、具有管理公共事务职能的组织和受委托的其他行政机关。该法明确规定，行政许可由具有行政许可权的行政机关在其法定职权范围内实施。法律、法规授权的具有管理公共事务职能的组织，在法定授权范围内，以自己的名义实施行政许可。被授权的组织适用行政许可法有关行政机关的规定。行政机关在其法定职权范围内，依照法律、法规、规章的规定，可以委托其他行政机关实施行政许可。委托机关应当将受委托行政机关和受委托实施行政许可的内容予以公告。委托行政机关对受委托行政机关实施行政许可的行为应当负责监督，并对该行为的后果承担法律责任。

（三）行政许可的实施程序

公民、法人或者其他组织从事特定活动，依法需要取得行政许可的，应当向行政机关提出申请。申请人申请行政许可，应当如实向行政机关提交有关材料和反映真实情况，并对其申请材料实质内容的真实性负责。申请人提交的申请材料齐全、符合法定形式，行政机关能够当场作出决定的，应当当场作出书面的行政许可决定。根据法定条件和程序，需要对申请材料的实质内容进行核实的，行政机关应当指派两名以上工作人员进行核查。

（四）行政许可的期限

除可以当场作出行政许可决定的外，行政机关应当自受理行政许可申请之日起二十日内作出行政许可决定。二十日内不能作出决定的，经本行政机关负责人批准，可以延长十日，并应当将延长期限的理由告知申请人。

（五）法律责任

行政机关违法实施行政许可，给当事人的合法权益造成损害的，应当依照国家赔偿法的规定给予赔偿。被许可人存在涂改、倒卖、出租、出借行政许可证件，或者以其他形式非法转让行政许可的；超越行政许可范围进行活动的；向负责监督检查的行政机关隐瞒有关情况、提供虚假材料或者拒绝提供反映其活动情况的真实材料的；法律、法规、规章规定的其他违法行为的，行政机关应当依法给予行政处罚。构成犯罪的，依法追究刑事责任。

二、行政处罚法

行政处罚是行政机关对违反行政管理秩序的公民、法人和其他组织依法予以制裁的法律制度。我国1996年颁布实施的行政处罚法对行政处罚的种类和设定、实施机关、管辖和适用，以及行政处罚的程序、执行及法律责任进行了明确规定，为规范行政处罚的设定和实施，保障和监督行政机关有效实施行政管理，维护公共利益和社会秩序，保护公民、法人或者其他组织合法权益提供了基本的法律依据。这部法律具体规定的内容主要包括：

（一）行政处罚的种类

我国的行政处罚包括：警告；罚款；没收违法所得、没收非法财物；责令停产停业；暂扣或者吊销许可证、暂扣或者吊销执照；行政拘留；法律、行政法规规定的其他行政处罚等。

（二）行政处罚的实施机关

行政处罚由具有行政处罚权的行政机关在法定职权范围内实施。国务院或者经国务院授权的省、自治区、直辖市人民政府可以决定一个行政机关行使有关行政机关的行政处罚权，但限制人身自由的行政处罚权只能由公安机关行使。

（三）行政处罚的管辖

行政处罚由违法行为发生地的县级以上地方人民政府具有行政处罚权的行政机关管辖；对管辖发生争议的，报请共同的上一级行政机关指定管辖；违法行为构成犯罪的，行政机关必须将案件移送司法机关，依法追究刑事责任。

（四）行政处罚的适用

行政机关实施行政处罚时，应当责令当事人改正或者限期改正违法行为。对当事人的同一个违法行为，不得给予两次以上罚款的行政处罚；不满十四周岁的人有违法行为的，不予行政处罚，责令监护人加以管教；已满十四周岁不满十八周岁的人有违法行为的，从轻或者减轻行政处罚；精神病人在不能辨认或者不能控制自己行为时有违法行为的，不予行政处罚，但应当责令其监护人严加看管和治疗。间歇性精神病人在精神正常时有违法行为的，应当给予行政处罚。违法行为在二年内未被发现的，不再给予行政处罚。法律另有规定的除外。

（五）行政处罚程序

行政处罚程序包括简易程序、一般程序。

1. 简易程序

适用于违法事实确凿并有法定依据，对公民处以五十元以下、对法人或者其他组织处以一千元以下罚款或者警告的行政处罚的，可以当场作出行政处罚决定。

2. 一般程序

适用于行政机关发现公民、法人或者其他组织有依法应当给予行政处罚的行为，需要全面、客观、公正调查，收集有关证据或需要依法进行检查的案件。行政机关依法给予行政处罚的，应当制作行政处罚决定书。行政处罚决定书应当载明的事项包括：当事人的姓名或者名称、地址；违反法律、法规或者规章的事实和证据；行政处罚的种类和依据；行政处罚的履行方式和期限；不服行政处罚决定，申请行政复议或者提起行政诉讼的途径和期限；作出行政处罚决定的行政机关名称和作出决定的日期。行政处罚决定书应当在宣告后当场交付当事人；当事人不在场的，行政机关应当在七日内依照民事诉讼法的有关规定，将行政处罚决定书送达当事人。

此外该法还具体规定了行政处罚前的听证程序、行政处罚的执行及法律责任

三、行政强制法

我国法定的行政强制包括行政强制措施和行政强制执行。行政强制措施，是指行政机关在行政管理过程中，为制止违法行为、防止证据损毁、避免危害发生、控制危险扩大等情形，依法对公民的人身自由实施暂时性限制，或者对公民、法人或者其他组织的财物实施暂时性控制的行为。行政强制执行，是指行政机关或者行政机关申请人民法院，对不履行行政决定的公民、法人或者其他组织，依法强制履行义务的行为。2011年颁布实施的行政强制法，规定了行政强制的种类和设定、行政强制措施实施程序、行政机关强制执行程序、申请人民法院强制执行及法律责任，为规范行政强制的设定和实施，保障和监督行政机关依法履行职责，维护公共利益和社会秩序，保护公民、法人和其他组织的合法权益提供了基本的法律依据。这部法律具体规定的内容主要包括：

（一）行政强制的种类和方式

根据该法规定，行政强制措施由法律设定，种类包括限制公民人身自由；查封场所、设施或者财物；扣押财物；冻结存款、汇款；其他行政强制措施等5类。行政强制执行由法律设定，方式包括加处罚款或者滞纳金；划拨存款、汇款；拍卖或者依法处理查封、扣押的场所、设施或者财物；排除妨碍、恢复原状；代履行；其他强制执行方式等。

（二）行政强制措施实施程序

1. 一般规定

行政机关实施行政强制措施的，实施前须向行政机关负责人报告并经批准；由两名以上行政执法人员实施；出示执法身份证件；通知当事人到场；当场告知当事

人采取行政强制措施的理由、依据以及当事人依法享有的权利、救济途径；听取当事人的陈述和申辩；制作现场笔录；现场笔录由当事人和行政执法人员签名或者盖章，当事人拒绝的，在笔录中予以注明；当事人不到场的，邀请见证人到场，由见证人和行政执法人员在现场笔录上签名或者盖章；法律、法规规定的其他程序。情况紧急，需要当场实施行政强制措施的，行政执法人员应当在二十四小时内向行政机关负责人报告，并补办批准手续。

2. 查封、扣押

查封、扣押应当由法律、法规规定的行政机关实施，其他任何行政机关或者组织不得实施。行政机关决定实施查封、扣押的，应当依法制作并当场交付查封、扣押决定书和清单。查封、扣押决定书应当载明当事人的姓名或者名称、地址；查封、扣押的理由、依据和期限；查封、扣押场所、设施或者财物的名称、数量等；申请行政复议或者提起行政诉讼的途径和期限；行政机关的名称、印章和日期。查封、扣押清单一式二份，由当事人和行政机关分别保存。

3. 冻结

冻结存款、汇款应当由法律规定的行政机关实施，不得委托给其他行政机关或者组织；其他任何行政机关或者组织不得冻结存款、汇款。行政机关依照法律规定决定实施冻结存款、汇款的，应当依法履行程序，并向金融机构交付冻结通知书。

此外，该法还具体规定了行政机关强制执行的具体程序及法律责任。

以案释法 06

违法行政决定被撤销

2012年3月，王某收到了国务院行政复议裁决书。裁决书撤销了某省认定他家所在区域征地合法决定的裁决。法学博士王某两年法律维权路，终于看到一线曙光。2010年底，因老家的房屋在未签署拆迁协议的情况下于凌晨被拆。老屋被强拆当日，王某写了一封给家乡市长的公开信。公开信在网上迅速流传，引起了官方重视。当地政府有关领导特地赶赴王某所在的大学和他沟通，承诺"依法依规，妥善处置此事"。公开信事件后，王某家乡的区长答复王某，称"某村村委会答复意见与你本人所提要求差距较大，可能你不能完全接受""我们支持你通过法律渠道依法解决"。2011年7月15日，王某母亲诉某市住房和城乡建设局不履行查处违法拆迁一案在该市某区法院开庭审理。法院认定"非法拆迁"事实不存在，驳回诉讼请求。王某随即上诉，被市中级人民法院驳回。在寻求诉讼解决的同时，王某也向省政府行政复议办公室提起行政复议，要求省政府确认关于该城区城市建设用地的批复违法并予以撤销。2011年3月，省政府行政复议办公室召开听证会，只有王某一方提交相关证据，

"政府说他们所有的行为都合法，没必要提交证据。"4月6日，省政府行政复议办公室下发行政复议决定书，驳回复议请求。随后，王某等人依法向国务院法制办提起行政裁决。

释解

拆迁户依法维权，先后通过行政手段和法律途径，终于为实践宪法明文规定的"公民的合法的私有财产不受侵犯。国家依照法律规定保护公民的私有财产权和继承权"迈出了关键的一步。

随着依法治国的不断推进、依法行政的不断深入，我国各级行政机关面临的行政诉讼的争议案件在逐步增多，当被告的几率在逐渐增大，这是一种正常的客观现象。当被告不被动，被动的是工作中存在着没有依法行政的瑕疵。情况表明，各级行政管理部门在工作中比较容易引起争议的，主要集中在行政主体不适格、行政行为越权、规范性文件与上位法相抵触、行政决定失当和行政不作为几个方面。因此，在全面推进依法治国的大背景下，在法律制度不断完备、监督渠道极大畅通的情况下，在公民依法维权意识不断增强的态势下，唯有依法决策、依法办事，努力实现与依法行政相适应的行政管理方式的转变，树立职权法定意识、程序法定意识和权责统一意识，切实提高依法行政的自觉性和工作水平，才能从根本上杜绝此类案件的发生。

第四节　行政监督法

行政权力是国家机关中权力最大、涉及人数最多，对国家和社会的发展最为重要、与人民群众关系最为密切的权力，因此行政监督是国家监督体系中的极为重要的组成部分。行政系统内部的监督，主要有行政系统内的专门监督和上级对下级的层级监督。

在我国，行政系统内的专门监督主要为审计监督和行政监察，并且已经制定了审计法和行政监察法。根据审计法的规定，在政府内部监督范围内，审计主要是对本级政府各部门和下级政府预算的执行情况和决算、预算外资金的管理和使用情况；政府部门管理和社会团体受政府委托管理的社会保障基金、社会捐献资金及其他有关基金、资金的财务收支等进行审计监督。审计部门在行使职权时，拥有要求报送权、检查权、调查权、制止并采取措施权、通报权及处理权等多方面的权限。根据行政监察法的规定，行政监察是监察部门对行政机关及其公务员的行政效能和清正廉洁两方面进行的监督。监察部门在行使监督权时拥有检查、调查权、建议处分权等较为广泛的权力。

层级监督方面，我国目前已建立了行政复议制度、行政诉讼制度和国家赔偿制度。并相应地颁布实施了行政复议法、行政诉讼法和国家赔偿法。其中，行政复议制度是指公民、法人或其他组织认为行政机关的行政行为侵犯其合法权益，向上级行政机关申请复议，由复议机关作出复议决定的制度，既属于上级行政机关对下级行政机关的监督，同时也是公民、法人或其他组织不服下级行政机关的具体行政行为要求复议机关作出公正裁判的一种救济行为。由于行政复议实际上是上级对下级的监督，因此行政复议的范围较为宽泛，在行政复议中，公民、法人或其他组织不仅可以对具体行政行为是否合法，要求进行审查，也可以对该具体行政行为是否合理，要求进行审查。而在行政诉讼中，人民法院对具体行政行为则只能进行合法性审查，除行政处罚外，原则上不作合理性、适当性审查。

一、行政复议法

行政复议是指公民、法人或者其他组织，认为行政机关的具体行政行为侵犯了其合法权益，依法向上级行政机关提出复议申请，上级行政机关依法对该具体行政行为进行合法性、适当性审查，并作出复议决定的行政行为。我国1999年颁布实施的行政复议法，对行政复议机关的职责、行政复议范围、行政复议申请、行政复议受理、行政复议决定和法律责任等作出具体规定。这部法律具体规定的内容主要包括：

（一）行政复议机关的职责

行政复议机关负责法制工作的机构具体办理行政复议事项，履行的职责包括受理行政复议申请；向有关组织和人员调查取证，查阅文件和资料；审查申请行政复议的具体行政行为是否合法与适当，拟订行政复议决定；处理或者转送法律规定的审查申请；依照规定的权限和程序对违法的具体行政行为提出处理建议；办理因不服行政复议决定提起行政诉讼的应诉事项；法律、法规规定的其他职责。行政复议机关履行行政复议职责时，应当遵循合法、公正、公开、及时、便民的原则，坚持有错必纠，保障法律、法规的正确实施。

（二）行政复议范围

公民、法人或者其他组织可以依法申请行政复议的情形包括对行政机关作出的警告、罚款、没收违法所得、没收非法财物、责令停产停业、暂扣或者吊销许可证、暂扣或者吊销执照、行政拘留等行政处罚决定不服的；对行政机关作出的限制人身自由或者查封、扣押、冻结财产等行政强制措施决定不服的；对行政机关作出的有关许可证、执照、资质证、资格证等证书变更、中止、撤销的决定不服的；对行政机关作出的关于确认土地、矿藏、水流、森林、山岭、草原、荒地、滩涂、海域等自然资源的所有权或者使用权的决定不服的；认为行政机关侵犯合法的经营自主权的；认为行政机关变更或者废止农业承包合同，侵犯其合法权益的；认为行政机关违法集资、征收财物、摊派费用或者违法要求履行其他义务的；认为符合法定条件，申请行政机关颁发许可证、执照、资质证、资格证等证书，或者申请行政机关审批、登记有关事项，行政机关没有依法办理的；申请行政机关履行保护人身权利、财产权利、受教育权利的法定职责，行政机关没有依法履行的；申请行政机关依法发放抚恤金、社会保险金或者最低生活保障费，行政机关没有依法发放的；认为行政机关的其他具体行政行为侵犯其合法权益的。

（三）行政复议申请

公民、法人或者其他组织认为具体行政行为侵犯其合法权益的，可以自知道该具体行政行为之日起六十日内提出行政复议申请；但是法律规定的申请期限超过六十日的除外。因不可抗力或者其他正当理由耽误法定申请期限的，申请期限自障碍消除之日起继续计算。同申请行政复议的具体行政行为有利害关系的其他公民、法人或者其他组织，可以作为第三人参加行政复议。公民、法人或者其他组织对行政机关的具体行政行为不服申请行政复议的，作出具体行政行为的行政机关是被申请人。申请人申请行政复议，可以书面申请，也可以口头申请；口头申请的，行政复议机关应当当场记录申请人的基本情况、行政复议请求、申请行政复议的主要事实、理由和时间。

（四）行政复议受理

行政复议机关收到行政复议申请后，应当在五日内进行审查，对不符合法律规定的行政复议申请，决定不予受理，并书面告知申请人；对符合行政复议法规定，但是不属于本机关受理的行政复议申请，应当告知申请人向有关行政复议机关提出。对行政复议决定不服再向人民法院提起行政诉讼的，行政复议机关决定不予受理或者受理后超过行政复议期限不作答复的，公民、法人或者其他组织可以自收到不予受理决定书之日起或者行政复议期满之日起十五日内，依法向人民法院提起行政诉讼。

（五）行政复议决定

行政复议原则上采取书面审查的办法，但是申请人提出要求或者行政复议机关负责法制工作的机构认为有必要时，可以向有关组织和人员调查情况，听取申请人、被申请人和第三人的意见。行政复议机关负责法制工作的机构应当对被申请人作出的具体行政行为进行审查，提出意见，经行政复议机关的负责人同意或者集体讨论通过后，按照具体行政行为认定事实清楚，证据确凿，适用依据正确，程序合法，内容适当的，决定维持；被申请人不履行法定职责的，决定其在一定期限内履行。对存在主要事实不清、证据不足的；适用依据错误的；违反法定程序的；超越或者滥用职权的；具体行政行为明显不当等情形之一的，决定撤销、变更或者确认该具体行政行为违法；决定撤销或者确认该具体行政行为违法的，可以责令被申请人在一定期限内重新作出具体行政行为。

（六）法律责任

行政复议机关违反规定，无正当理由不予受理依法提出的行政复议申请或者不按照规定转送行政复议申请的，或者在法定期限内不作出行政复议决定的，对直接负责的主管人员和其他直接责任人员依法给予警告、记过、记大过的行政处分；经责令受理仍不受理或者不按照规定转送行政复议申请，造成严重后果的，依法给予降级、撤职、开除的行政处分。行政复议机关工作人员在行政复议活动中，徇私舞弊或者有其他渎职、失职行为的，依法给予警告、记过、记大过的行政处分；情节严重的，依法给予降级、撤职、开除的行政处分；构成犯罪的，依法追究刑事责任。被申请人违反规定，不提出书面答复或者不提交作出具体行政行为的证据、依据和其他有关材料，或者阻挠、变相阻挠公民、法人或者其他组织依法申请行政复议的，对直接负责的主管人员和其他直接责任人员依法给予警告、记过、记大过的行政处分；进行报复陷害的，依法给予降级、撤职、开除的行政处分；构成犯罪的，依法追究刑事责任。行政复议机关受理行政复议申请，由本级财政予以保障，不得向申请人收取任何费用。

二、行政诉讼法

行政诉讼是指公民、法人或者其他组织认为行政机关和行政机关工作人员的行政行为侵犯其合法权益，依法向人民法院提起的诉讼。为保证人民法院公正、及时审理行政案件，解决行政争议，保护公民、法人和其他组织的合法权益，监督行政机关依法行使行政职权，我国于1989年制定、2014年修订了行政诉讼法，对行政诉讼的受案范围、管辖、诉讼参加人、证据、起诉和受理、审理和判决、审判监督程序、执行及涉外行政诉讼等作了相应规定，具体确立了行政行为合法与违法的标准，对协调行政机关与公民的关系，保护公民合法权益，督促行政机关依法行政，维护社会稳定发挥了重要作用。这部法律具体规定的内容主要包括：

（一）受案范围

行政诉讼受案范围包括，对行政拘留、暂扣或者吊销许可证和执照、责令停产停业、没收违法所得、没收非法财物、罚款、警告等行政处罚不服的；对限制人身自由或者对财产的查封、扣押、冻结等行政强制措施和行政强制执行不服的；申请行政许可，行政机关拒绝或者在法定期限内不予答复，或者对行政机关作出的有关行政许可的其他决定不服的；对行政机关作出的关于确认土地、矿藏、水流、森林、山岭、草原、荒地、滩涂、海域等自然资源的所有权或者使用权的决定不服的；对征收、征用决定及其补偿决定不服的；申请行政机关履行保护人身权、财产权等合法权益的法定职责，行政机关拒绝履行或者不予答复的；认为行政机关侵犯其经营自主权或者农村土地承包经营权、农村土地经营权的；认为行政机关滥用行政权力排除或者限制竞争的；认为行政机关违法集资、摊派费用或者违法要求履行其他义务的；认为行政机关没有依法支付抚恤金、最低生活保障待遇或者社会保险待遇的；认为行政机关不依法履行、未按照约定履行或者违法变更、解除政府特许经营协议、土地房屋征收补偿协议等协议的；认为行政机关侵犯其他人身权、财产权等合法权益的。

（二）管辖

基层人民法院管辖第一审行政案件。中级人民法院管辖的一审行政案件包括：对国务院部门或者县级以上地方人民政府所作的行政行为提起诉讼的案件；海关处理的案件；本辖区内重大、复杂的案件；其他法律规定由中级人民法院管辖的案件。高级人民法院管辖本辖区内重大、复杂的一审行政案件。最高人民法院管辖全国范围内重大、复杂的一审行政案件。经最高人民法院批准，高级人民法院可以根据审判工作的实际情况，确定若干人民法院跨行政区域管辖行政案件。

（三）诉讼参加人

行政行为的相对人以及其他与行政行为有利害关系的公民、法人或者其他组织，有权提起诉讼。公民、法人或者其他组织直接向人民法院提起诉讼的，作出行政行为的行政机关是被告。经复议的案件，复议机关决定维持原行政行为的，作出原行政行为的行政机关和复议机关是共同被告；复议机关改变原行政行为的，复议机关是被告。复议机关在法定期限内未作出复议决定，公民、法人或者其他组织起诉原行政行为的，作出原行政行为的行政机关是被告；起诉复议机关不作为的，复议机关是被告。两个以上行政机关作出同一行政行为的，共同作出行政行为的行政机关是共同被告。行政机关委托的组织所作的行政行为，委托的行政机关是被告。行政机关被撤销或者职权变更的，继续行使其职权的行政机关是被告。

（四）证据

经法庭审查属实，可作为认定案件事实的行政诉讼证据包括：书证；物证；视听资料；电子数据；证人证言；当事人的陈述；鉴定意见；勘验笔录、现场笔录。被告对作出的行政行为负有举证责任，应当提供作出该行政行为的证据和所依据的规范性文件。原告可以提供证明行政行为违法的证据。原告提供的证据不成立的，不免除被告的举证责任。对由国家机关保存而须由人民法院调取的证据；涉及国家秘密、商业秘密和个人隐私的证据；确因客观原因不能自行收集的其他证据，原告或者第三人不能自行收集的，可以申请人民法院调取。

（五）起诉和受理

公民、法人或者其他组织不服复议决定的，可以在收到复议决定书之日起十五日内向人民法院提起诉讼。复议机关逾期不作决定的，申请人可以在复议期满之日起十五日内向人民法院提起诉讼，法律另有规定的除外。公民、法人或者其他组织直接向人民法院提起诉讼的，应当自知道或者应当知道作出行政行为之日起六个月内提出。法律另有规定的除外。因不动产提起诉讼的案件自行政行为作出之日起超过二十年，其他案件自行政行为作出之日起超过五年提起诉讼的，人民法院不予受理。公民、法人或者其他组织申请行政机关履行保护其人身权、财产权等合法权益的法定职责，行政机关在接到申请之日起两个月内不履行的，公民、法人或者其他组织可以向人民法院提起诉讼。对人民法院既不立案，又不作出不予立案裁定的，当事人可以向上一级人民法院起诉。上一级人民法院认为符合起诉条件的，应当立案、审理，也可以指定其他下级人民法院立案、审理。

（六）审理和判决

1. 一审普通程序

人民法院应当在立案之日起五日内，将起诉状副本发送被告。被告应当在收到起诉状副本之日起十五日内向人民法院提交作出行政行为的证据和所依据的规范性文件，并提出答辩状。人民法院应当在立案之日起六个月内作出第一审判决。有特殊情况需要延长的，由高级人民法院批准，高级人民法院审理第一审案件需要延长的，由最高人民法院批准。

2. 简易程序

对被诉行政行为是依法当场作出的；案件涉及款额二千元以下的；属于政府信息公开案件的，或当事人各方同意适用简易程序的，人民法院审理时可以适用简易程序。适用简易程序审理的行政案件，由审判员一人独任审理，并应当在立案之日起四十五日内审结。

3. 二审程序

当事人不服人民法院一审判决的，有权在判决书送达之日起十五日内向上一级人民法院提起上诉。当事人不服人民法院一审裁定的，有权在裁定书送达之日起十日内向上一级人民法院提起上诉。逾期不提起上诉的，人民法院的一审判决或者裁定发生法律效力。人民法院审理上诉案件，应当在收到上诉状之日起三个月内作出终审判决。有特殊情况需要延长的，由高级人民法院批准，高级人民法院审理上诉案件需要延长的，由最高人民法院批准。原审人民法院对发回重审的案件作出判决后，当事人提起上诉的，二审人民法院不得再次发回重审。

（七）审判监督程序

当事人对已经发生法律效力的判决、裁定，认为确有错误的，可以向上一级人民法院申请再审，但判决、裁定不停止执行。对属于不予立案或者驳回起诉确有错误的；有新的证据，足以推翻原判决、裁定的；原判决、裁定认定事实的主要证据不足、未经质证或者系伪造的；原判决、裁定适用法律、法规确有错误的；违反法律规定的诉讼程序，可能影响公正审判的；原判决、裁定遗漏诉讼请求的；据以作出原判决、裁定的法律文书被撤销或者变更的；审判人员在审理该案件时有贪污受贿、徇私舞弊、枉法裁判行为的案件，当事人提出申请的，人民法院应当再审。

（八）执行

当事人必须履行人民法院发生法律效力的判决、裁定、调解书。公民、法人或者其他组织拒绝履行判决、裁定、调解书的，行政机关或者第三人可以向一审人民法院申请强制执行，或者由行政机关依法强制执行。行政机关拒绝履行判决、裁定、调解书的，一审人民法院可以对应当归还的罚款或者应当给付的款额，通知银行从该行政机关的账户内划拨；在规定期限内不履行的，从期满之日起，对该行政机关负责人按日处五十元至一百元的罚款；将行政机关拒绝履行的情况予以公告；向监察机关或者该行政机关的上一级行政机关提出司法建议。对拒不履行判决、裁定、调解书，社会影响恶劣的，可以对该行政机关直接负责的主管人员和其他直接责任人员予以拘留；情节严重，构成犯罪的，依法追究刑事责任。行政机关或者行政机关工作人员作出的行政行为侵犯公民、法人或者其他组织的合法权益造成损害的，由该行政机关或者该行政机关工作人员所在的行政机关负责赔偿。行政机关赔偿损失后，应当责令有故意或者重大过失的行政机关工作人员承担部分或者全部赔偿费用。

三、国家赔偿法

国家赔偿以监督行政机关的行政行为是否合法为主要任务。以违法为赔偿前提的归责原则，事实行为造成损害的赔偿责任等赔偿制度的建立，进一步强化了对行政机关依法行政的监督力度。我国于1994年制定，2010年、2012年修订的国家赔偿法，明确了行政赔偿的范围、赔偿请求人和赔偿义务机关、赔偿的程序及赔偿方式和计算标准，为保障公民、法人和其他组织享有依法取得国家赔偿的权利，促进国家机关依法行使职权，提供了基本的法律依据。这部法律就行政赔偿所具体规定的内容主要包括：

（一）行政赔偿的范围

行政机关及其工作人员在行使行政职权时，如存在违法拘留或者违法采取限制公民人身自由的行政强制措施的；非法拘禁或者以其他方法非法剥夺公民人身自由的；以殴打、虐待等行为或者唆使、放纵他人以殴打、虐待等行为造成公民身体伤害或者死亡的；违法使用武器、警械造成公民身体伤害或者死亡的；造成公民身体伤害或者死亡的其他违法行为的，受害人有取得赔偿的权利。行政机关及其工作人员在行使行政职权时，如存在违法实施罚款、吊销许可证和执照、责令停产停业、没收财物等行政处罚的；违法对财产采取查封、扣押、冻结等行政强制措施的；违法征收、征用财产的；造成财产损害的其他违法行为的，受害人有取得赔偿的权利。如属于行政机关工作人员与行使职权无关的个人行为；因公民、法人和其他组织自己的行为致使损害发生的；法律规定的其他情形的，国家不承担赔偿责任。

（二）赔偿请求人和赔偿义务机关

受害的公民、法人和其他组织有权要求赔偿；受害的公民死亡，其继承人和其他有扶养关系的亲属有权要求赔偿；受害的法人或者其他组织终止的，其权利承受人有权要求赔偿。行政机关及其工作人员行使行政职权侵犯公民、法人和其他组织的合法权益造成损害的，该行政机关为赔偿义务机关；两个以上行政机关共同行使行政职权时侵犯公民、法人和其他组织的合法权益造成损害的，共同行使行政职权的行政机关为共同赔偿义务机关；法律、法规授权的组织在行使授予的行政权力时侵犯公民、法人和其他组织的合法权益造成损害的，被授权的组织为赔偿义务机关；受行政机关委托的组织或者个人在行使受委托的行政权力时侵犯公民、法人和其他组织的合法权益造成损害的，委托的行政机关为赔偿义务机关。赔偿义务机关被撤销的，继续行使其职权的行政机关为赔偿义务机关。没有继续行使其职权的行政机关的，撤销该赔偿义务机关的行政机关为赔偿义务机关。

（三）赔偿程序

赔偿请求人要求赔偿，应当先向赔偿义务机关提出，也可以在申请行政复议或者提起行政诉讼时一并提出；赔偿请求人可以向共同赔偿义务机关中的任何一个赔偿义务机关要求赔偿，该赔偿义务机关应当先予赔偿；赔偿请求人根据受到的不同损害，可以同时提出数项赔偿要求。赔偿义务机关应当自收到申请之日起两个月内，作出是否赔偿的决定。赔偿义务机关决定赔偿的，应当制作赔偿决定书，并自作出决定之日起十日内送达赔偿请求人。赔偿义务机关决定不予赔偿的，应当自作出决定之日起十日内书面通知赔偿请求人，并说明不予赔偿的理由。对赔偿作出赔偿或者不予赔偿决定有异议的，赔偿请求人可在三个月内向人民法院提起诉讼。

（四）赔偿方式和计算标准

国家赔偿以支付赔偿金为主要方式。能够返还财产或者恢复原状的，予以返还财产或者恢复原状。侵犯公民人身自由的，每日赔偿金按照国家上年度职工日平均工资计算。

 以案释法 07

行政不作为被判败诉

2014年10月16日，李某向河南省某市国土资源局（以下简称市国土局）书面提出申请，请求该局依法查处其所在村的耕地被有关工程项目违法强行占用的行为，并向该局寄送了申请书。市国土局收到申请后，没有受理、立案、处理，也未告知李某，李某遂以市国土局不履行法定职责为由诉至法院，请求确认被告不履行法定职责的行政行为违法，并要求被告对该村土地被强占的违法行为进行查处。

该市某区人民法院一审认为，土地管理部门对上级交办、其他部门移送和群众举报的土地违法案件，应当受理。土地管理部门受理土地违法案件后，应当进行审查，凡符合立案条件的，应当及时立案查处；不符合立案条件的，应当告知交办、移送案件的单位或者举报人。本案原告向被告市国土局提出查处违法占地申请后，被告应当受理，被告既没有受理，也没有告知原告是否立案，故原告要求确认被告不履行法定职责违法，并限期履行法定职责的请求，有事实根据和法律依据，本院予以支持。遂判决：一、确认被告对原告要求查处违法占地申请未予受理的行为违法。二、限被告于本判决生效之日起按国土资源行政处罚办法的规定履行法定职责。

　　市国土局不服，提出上诉。该市中级人民法院二审认为，根据国土资源行政处罚办法规定，县级以上国土资源主管部门"应当依法立案查处，无正当理由未依法立案查处的"，应当承担相应责任。上诉人市国土局未及时将审查结果告知申请人，上诉人的行为未完全履行工作职责，违反了国土资源行政处罚办法第四十五条的相关规定。二审判决驳回上诉，维持原判。

 释解

　　及时处理群众举报、切实履行查处违法占地相关法定职责，回应群众关切、保障土地资源的合法利用是有关土地管理部门的应尽职责。土地资源稀缺、人多地少的现状决定了我国必须实行最严格的土地管理制度，但长期以来土地资源浪费严重，违法违规用地现象普遍，这其中既有土地管理保护不力的原因，也有人民群众难以有效参与保护的因素。公众参与是及时发现和纠正土地违法行为的重要渠道，也是确保落实最严格的土地管理制度的有效手段。依法受理并及时查处人民群众对违法用地行为的举报，是土地管理部门的权力更是义务。对于在处理土地违法案件中，发现违法案件不属于本部门管辖的，也应及时做好相应的案件移送工作。国土资源行政处罚办法第十条明确规定："国土资源主管部门发现违法案件不属于本部门管辖的，应当移送有管辖权的国土资源主管部门或者其他部门。"

第四章

我国新闻出版广电法律制度

　　新闻出版广电等属于大众传播媒介，对国家和社会具有巨大影响力，因而当今世界各国利用法律强制力的方式对大众传播媒介及其传播行为在一定的活动范围内进行的监管，从来就没有过丝毫的忽略与放松。各国由于社会形态、历史传统以及经济、政治、文化等因素的不同，在对大众传播行为的法律调控方面所表现出的途径、步骤、范围和程度也都可能有所差别。尽管如此，对大众传播行为采取肆意放纵与绝对自由政策的国家是根本不存在的，也是任何一个社会所不能容忍的。因而对大众传播行为加以法律调控，不仅是法治社会的现实需要，也是建立规范化、有序化大众传播运作机制的必然要求。

第一节　新闻出版广电法律制度的历史沿革

　　在新中国成立之后，我国新闻立法经历了比较曲折的发展过程，但新闻法治建设的总体趋势是日益受到国家的重视并逐步发展和完善。

一、新闻的历史沿革

（一）新中国成立初期的新闻出版管理法律制度

　　1949年中国人民政治协商会议通过了具有临时宪法性质的《中国人民政治协商会议共同纲领》，1954年一届全国人大通过了宪法，又称"五四宪法"。共同纲领和"五四宪法"关于言论、出版自由以及新闻活动的规定，为新中国成立初期新闻事业和新闻法制建设的发展，提供了指导原则和立法依据。共同纲领除了在第五条规定"中华人民共和国人民有思想、言论、集会、结社、通讯、人身、居住、迁徙、宗教信仰及示威游行的自由权"外，还在第四十九条专门规定"保护报道真实新闻的自由。禁止利用新闻以进行诽谤，破坏国家人民的利益和煽动世界战争。发展人民广播事业。发展人民出版事业，并注重出版有益于人民的通俗书报"。"五四宪法"对出版自由的表述与共同纲领第五条基本相同，但是增加了"国家供给必需的物质上的便利，以保证公民享受这些自由"的内容。

根据共同纲领和"五四宪法"的精神，我国在新中国成立后短短几年内相继颁布了多项新闻法规政策，包括1950年2月发布的《中央人民政府邮电部新闻总署关于邮电部发行报纸暂行办法》，1952年8月16日中央人民政府政务院公布的《管理书刊出版业印刷业发行业暂行条例》，1955年9月12日通过的《国务院关于地方人民广播电台管理办法的规定》以及1954年颁布的《关于改进报纸工作的决议》，等等。

从这些新闻立法中可以看出：经过新中国成立后数年的努力，新中国的新闻法制已初具轮廓，从新闻立法的对象上看，既包括纸质媒介，也包括电子媒介；从新闻立法的内容上看，既包括对新闻自由的保护，也包括对新闻活动的管理。但从总体上看，当时还没有形成整体的新闻法治观念，新闻立法比较零星、分散。此外，由于当时并未形成一个比较完整的社会主义法律体系，新闻法治在实际生活中的实施效果并不理想。尽管如此，这些新闻立法对确保新中国成立初期我国新闻事业的顺利发展，还是起到了相当重要的作用。

此后，由于"左"倾错误思想的影响、干扰乃至破坏，我国的新闻法治建设遭受到严重破坏。尤其是到了"文化大革命"时期，我国的新闻法治建设陷入停顿甚至是严重倒退的状态。这种局面直到党的十一届三中全会以后才得以改变。

（二）改革开放后新闻法治建设日趋完善

粉碎"四人帮"、结束"文化大革命"后，党和国家及时总结经验教训，重新认识到法律在国家各项工作中的重要作用。十一届三中全会以来，我国的政治、经济形势发生了重大变化，我国的新闻事业进入了快速发展的时期。新闻实践的发展推动我国新闻法治化的进程，并初步形成了新闻法律体系的框架。新时期新闻法制的发展以"八二宪法"为发端。"八二宪法"是对"五四宪法"的集成和发展，也是对十一届三中全会以来拨乱反正和民主建设成果的确认和巩固。"八二宪法"的一个显著特点就是强调民主与法治，保障公民的基本权利和自由。该法中有多项条款与新闻事业有关：规定国家发展为人民服务、为社会主义服务的新闻广播电视事业和出版发行事业的第二十二条；规定我国公民有言论、出版等自由的第三十五条；规定我国公民对国家机关和国家工作人员有提出批评和建议权利的第四十一条；规定我国公民有进行科学研究、文学艺术创作和其他文化活动自由的第四十七条。这些条款是我国新闻法制建设的指导原则和各项新闻活动的最高法律依据。

尽管我国新闻基本法由于种种原因尚未出台，但是我国的新闻法制建设并未因此而停顿。我国在改革开放后制定的许多法律与新闻活动有着密切的关系。如1986年的民法通则是保障公民在新闻活动中的各种民事权利的直接依据；1997年的刑法规定了诸多与新闻活动有关的罪名；1991年的著作权法（2010年修正）对新闻活动中经常遇到的著作权问题进行调整；1994年的广告法（2015年新修订）对新闻媒体的广告活动进行规范。这些法律初步解决了我国新闻活动无新闻基本法可依的尴尬局面。

在我国新闻法制建设中，以行政法规和部门规章层面的新闻立法最为活跃，根据调整对象的不同，这一层面的新闻立法（个别现已失效）主要集中在以下几个方面：

（1）关于纸质媒介管理的法规和规章，主要有：《期刊管理暂行规定》《报纸管理暂行规定》《出版管理条例》《印刷业管理条例》《内部资料性出版物管理办法》等。

（2）关于电子媒介管理的法规和规章，主要有：《卫星电视广播地面接收设施管理规定》《有线电视管理暂行办法》《广播电视管理条例》《电子出版物管理条例》《互联网信息服务管理办法》等。

（3）关于取缔、打击非法出版物的法规和规章，主要有：《关于认定淫秽及色情出版物的暂行规定》《新闻出版署关于认定、查禁非法出版物的若干问题的通知》《最高人民法院、最高人民检察院、新闻出版署、公安部、国家工商行政管理局关于进一步严厉打击非法出版活动的通知》《国务院办公厅关于坚决取缔非法出版活动的通知》等。

（4）关于新闻队伍建设的法规和规章，主要有：《关于加强新闻队伍职业道德建设，禁止"有偿新闻"的通知》《关于禁止有偿新闻的若干规定》《关于进一步加强记者证管理的通知》等。

（5）关于著作权管理的法规和规章，主要有：《实施国际著作权条约的规定》《著作权行政处罚实施办法》《计算机软件著作权登记办法》《中华人民共和国著作权法实施条例》等。在这个过程中，我国的新闻行政主管机关发挥了重要的作用，它们的立法努力，使我国的新闻活动逐步走上了规范化和法治化的轨道。

与此同时，各地也非常重视本地区的新闻法制建设，根据国家宪法和法律的宗旨与精神，结合本地区的具体情况和实际需要，组织起草了地方性的新闻法规，主要有：《山西省图书报刊音像出版管理暂行条例》《贵州省实施〈广播电视设施保护条例〉细则》《福建省图书报刊出版管理条例》《河北省新闻工作管理条例》《广东省书报刊印刷管理办法》《上海市著作权管理若干规定》等。这些地方性法规既有助于贯彻实施国家的有关新闻法律和行政法规，也为将来新闻法的制定积累了宝贵的经验。

总的来看，改革开放30多年来，我国的新闻法制建设处于稳步发展的状态，已经基本上形成了包括宪法、法律、行政法规、地方法性规以及规章等多层次的新闻立法在内的新闻法律体系框架。

二、我国广电法律制度的历史沿革

中国的广播电视业于20世纪50年代起步，比欧美国家晚了近30年。但是，在经济力量和科技水平都相对薄弱的情况下，在经历了特殊时期的挫折后，中国的广播电视依旧克服了先天创建条件不足，后天发展方向不确定的障碍，在接下来的20年中依靠自己的摸索和实践，大力加强基础设施建设，形成了既不同于欧美，又不同于前苏联的广播电视国有管理体制，对我国广播电视的起步和初创起到了历史性的推动作用。20世纪80年代对中国的广播电视事业是具有历史意义的年代，随着经济制度的转轨，在计划经济时代确立的广播电视管理体制的弊端逐渐暴露出来，再加之科技的迅猛发展对广播电视传输网络的影响，中国的广播电视业发展急需新的管理理念和管理方法的指导，由此，我国广播电视的法治建设开始起步。

我国广播电视系统的法治建设正式开始于20世纪80年代中期，由当时的广播电视部具体承担并启动。此前，政府曾制定和颁布了一些管理广播工作的法规性文件，但由于各种主客观原因限制，至改革开放前，与其他领域一样，法治建设一直是广播电视事业建设的一个薄弱环节，对广播电视各项工作的管理，主要是依据各个时期的方针、政策，通过党组织发布指示、命令等各种行政手段来进行，无法可依、无章可循的现象较为突出。在相当长时期，广播电视的宣传管理，均依赖于行政手段实施政策、下达行政指令、颁布"红头文件"等。

1977年至1986年，随着国家形势的好转，广播电视事业建设有了长足发展。有些曾长期处于封闭状态的业务，如音像制品等，开始走向社会，进入千家万户，在不断拓宽广播电视管理面的同时，也加大了管理的难度。在这种情况下，原有的管理模式、管理方法，已不适应新形势的要求。特别是进入20世纪80年代以后，随着国家改革开放方针的贯彻实施以及传媒新技术的不断涌现，广播电视行业内出现的诸多新现象急需法律、法规加以规范和管理。于是尽快开展广播电视法治建设、早日实现依法管理提上了议事日程。十一届三中全会在作出全党工作重点转移的重大战略决策的同时，强调了法治建设在中国特色的社会主义现代化事业中的地位和作用。全会公报指出："为了保障人民民主，必须加强社会主义法制，使民主制度化、法律化，使这种制度和法律具有稳定性、连续性和极大的权威，做到有法可依、有法必依、执法必严、违法必究。"党的十五大更是明确提出了"健全社会主义法制，依法治国，建设社会主义法治国家"的目标。遵照中央的指示和精神，广播电视系统也开始建章立制，各项工作逐步走上了规范化和制度化轨道。

当时的广播电视部从1986年5月开始着手制定"国民经济和社会发展第七个五年计划（1986-1990年）"，简称"七五"。"七五"计划期间的立法工作计划，在广泛征求意见的基础上，7月拟出了计划初稿；8月，在吉林省通化市召开广播影视法制工作座谈会，集中论证和修改初稿；9月，广播电视部部务会议通过该计划，月底上报国务院法制局，以广发政字【1986】825号文件下发到广播影视系统各单位。该计划把广播影视系统的法规分为三个层次：人大颁布的法律；国务院颁布的行政法规；广播电视部颁布的规章。该计划规定，"七五"期间，由广播电影电视部拟出草案，上报国务院审议，经人大、人大常委会制定公布的法律有广播电视法和电影法；由广播电影电视部拟出草案、经国务院制定公布的行政法规有十多部，包括《广播电视设施保护条例》《有线电视管理暂行规定》《电影片、电视片进出口条例》等；由广播电视部制定颁布的规章共有二十多部，包括《关于实行电视剧制作许可证制度的暂行规定》《电影审查法》《广播电视广告管理》等。

进入20世纪90年代，有线电视、音像制品、卫星电视接收业务迅速发展以及电视剧摄制社会化程度明显加强，使得广电系统从过去单一的内部管理转向内部管理和面向社会的行业管理两者并举的现实状态。本着"急用先立"的原则，广电系统的立法人员把主要精力投向如何有效促进新技术的应用和如何加强对广电新技术的有效管理等现实问题上来，并制定了不少相应的法规、规章。

如有线电视管理方面，有《有线电视管理暂行办法》（2011年修订）等；音像制品管理方面，有《音像资料管理规定》（1996年）等；卫星电视方面，有《卫星电视广播地面接收设施管理规定》（1993年）、《卫星传输广播电视节目管理办法》（1997年）等；电视剧方面，有《中外合作制作电视剧（录像片）管理规定》（1995年）、《电视剧制作许可证管理规定》（1995年）等。此外，在广播电视的行业技术标准管理、广告管理、保密管理以及综合管理等方面，也相继出台了一些法规性文件，如《广播电影电视技术标准管理暂行办法》（1993年）、《广播电视赞助活动和赞助收入管理暂行规定》（1992年），《广播电台、电视台设立审批办法》（1996年）等。

这些法规、规章的颁布与实施，加强了广播电视系统依法管理的力度，对解决当时一些突出的问题起到了不小的作用，但是广播电视法治建设尚未健全，已有的法规规章之间存在不统一、不协调等问题。尤其重要的是，当时的法规规章只针对广播电视某一方面的工作进行规范，而无法规范广播电视的全局性工作；同时，这些法规、规章法律效力等级较低，缺乏有效监管力度，因此给实际执行环节上带来了很多问题。随着社会主义法治建设的不断推进，国家对行政管理工作提出了"依法行政"的要求，形势呼唤一部全面规范广播电视工作的法律法规出台。

1997年8月1日，国务院常务会议讨论并且通过了《广播电视管理条例》，自1997年9月1日起施行。为了加强广播电视管理，发展广播电视事业，促进社会主义精神文明和物质文明建设，该条例根据2013年12月国务院发布的《国务院关于修改部分行政法规的决定》进行了修订。《广播电视管理条例》的颁布实施在我国广播电视法治建设道路上具有重大意义。它标志着我国政府对广播电视行业的管理，已经由过去的经验式、行政化管理方式，向着以法治化、规范化为特征的现代科学管理方式转变，我国广播电视事业已初步走上法治化管理轨道。

2013年，根据十二届全国人大一次会议批准的《国务院机构改革和职能转变方案》和《国务院关于机构设置的通知》，设立了新闻、出版、广播、电影和电视领域的国家管理部门——国家新闻出版广播电影电视总局。

国家新闻出版广电总局努力增强厉行法治的责任担当，坚持依法行政、依法管理，不断提高法治思维和依法办事能力，提出要重视和加强新闻出版广播电视法治建设，积极参与推动立法，协调有关部门加快推进《电影产业促进法》《全民阅读促进条例》等重点立法进程，推进著作权法及其配套法规的立改废工作，启动广播电视法立法工作。

以案释法 08

某制片中心诉电视台未经许可擅自播放影片

2001年4月，某制片中心与八一电影制片厂签订合作协议，约定双方出品、拍摄《冲》片，双方共同投资855万元。《冲》片国内外永久电视播映权及网络传输权归制片中心独家享有，影片带来的其他所有利益双方按投资比例对半分成。

《冲》片拍摄完成后，2002年4月，当时的国家广播电影电视总局电影管理局颁布了电影片公映许可证，许可《冲》片在国内外发行。该片曾在2002年第八届华表奖、2002年第二十二届金鸡奖、2002年第九届北京大学生电影节奖、2003年第二十六届百花奖等评比中荣获多项奖项，并由音像社出版了DVD影碟。

2005年9月10日，某教育电视台在第一套节目中播放了《冲》片，在播放过程中插播了广告。2005年9月19日，制片中心委托的律师向该教育电视台邮寄送达了律师函，称其擅自播出《冲》片构成侵权，要求该台停止播映《冲》片并向制片中心道歉、支付赔偿金及合理的使用费。

另查，1993年9月，中宣部、国家教委、广播电视部、文化部等联合发出《关于运用优秀影视片在全国中小学开展爱国主义教育的通知》，决定运用优秀影视片在全国中小学开展爱国主义教育，并推荐优秀爱国主义教育影视片100部供各地中小学选用。2004年，《冲》片亦被列入推荐影片名单。

依据著作权法相关规定，一审法院判决被告某教育电视台未经原告制片中心许可，不得再自行播放电影作品《冲》，要求被告给付原告经济损失及诉讼合理支出共计五万元。被告不服，向北京市第一中级人民法院提出上诉，2006年12月20日，北京市第一中级人民法院驳回上诉，维持原判。

释解

本案的焦点在于教育电视台播放《冲》片是否属于著作权法规定的合理使用。

根据著作权法第二十二条的相关规定，如果国家机关为执行公务在合理范围内使用已经发表的作品，或者为学校课堂教学或者科学研究，翻译或者少量复制已经发表的作品，供教学或者科研人员使用，可以不经著作权人许可，不向其支付报酬，但应当指明作者姓名、作品名称，并且不得侵犯著作权人依法享有的其他权利。

从该条的立法本意看，所述的"国家机关"是特指法定的具有公共事务管理职能的国家机构，"执行公务"则是指执行与国家机关的法定职能直接相关的事务，而不能作扩大解释。

结合本案事实，首先，与众多传播媒体一样，教育电视台肩负着弘扬主旋律，坚持正确舆论导向的责任。但是，贯彻党的方针政策与遵守著作权法的规定并实现"鼓励有益于社会主义精神文明、物质文明建设的作品的创作和传播，促进社会主义文化和科学事业的发展与繁荣"的立法宗旨是不应相抵触的。其次，教育电视台并非执行法定的管理职能的国家机关，其播放《冲》片既不是执行与法定职能直接相关的事务，也不属于执行政府行政指令的行为。再次，弘扬爱国主义精神、集体主义精神、继承发展中华民族的传统美德等都属于社会主义精神文明建设的范畴，但这并不意味着广播电台、电视台、报纸杂志社、出版社、网站等媒体可以在不经过作者同意，不支付报酬的情况下随意使用这些题材的作品，否则，将不利于对著作权的保护。最后，教育电视台播放《冲》片时插播了广告，也证明其具有经营性质，而不是单纯的公益行为。因此，教育电视台播放《冲》片不属于著作权法规定的合理使用范畴，教育电视台上诉主张其播放《冲》片系执行公务，属于合理使用，理由不充分，缺乏法律依据，法院不予支持。

第二节　新闻出版广电法律制度的现状

从广义上来说，新闻法治是统治阶级按照自己的利益与意志，通过政权机关建立起来的，用以调节新闻传播各方面关系和调控新闻传媒的法律制度。

一、宪法

新闻自由是一项政治权利，属于民主和人权范畴，主要由新闻媒体、公民和政府三方构成。一般包含言论自由和出版自由，因此，现代民主国家大多把新闻自由列入宪法保护的权利范畴，我国宪法也对此作出相关规定。

其一，鼓励发展新闻出版广电事业。宪法第二十二条规定："国家发展为人民服务、为社会主义服务的文学艺术事业、新闻广播电视事业、出版发行事业、图书馆博物馆文化馆和其他文化事业，开展群众性的文化活动。"

其二，规定新闻出版自由。我国宪法第三十五条规定的"中华人民共和国公民有言论、出版、集会、结社、游行、示威的自由"，以及第四十七条规定的"中华人民共和国公民有进行科学研究、文学艺术创作和其他文化活动的自由"，是宪法对新闻自由的明确规定。

一般认为新闻自由应该包含：采访自由、传递自由、出版自由、批评自由四个方面的内容。1980年，联合国教科文组织"国际交流问题研究委员会"的调查报告《多种声音，一个世界》，把新闻自由的含义又推进一步，提出了"交流权"的概念，认为任何公民都应该拥有获知新闻和传播新闻的自由权。报告强调，人人都应该享有搜集和传播新闻信息，以及发表意见的权利。新闻自由，乃是言论和出版自由在新闻传播领域的延伸，或者透过新闻传播媒介实现的言论和出版自由。从法理上看，它涉及新闻媒体、公民和政府三方构成，应包含七种基本权利：创办新闻媒介权、发表权或报道权、答辩权和更正权、知情权和采访权、保护新闻来源权、使用传媒权、对新闻侵权的诉讼权。

其三，规定新闻自由权利不得滥用。新闻媒介的行为如果侵害了普通公民名誉权、隐私权，或公开宣扬暴力、试图以暴力手段推翻政府、煽动群众、破坏社会正常秩序等，都属于滥用新闻自由的范畴，理应受到限制。在不同国家或者在同一国家的不同历史阶段，新闻自由会因为国家制度、价值观念、意识形态的变更有所区别。我国宪法四十一条规定的"中华人民共和国公民对于任何国家机关和国家工作人员有提出批评和建议的权利"，另外，《宪法》第三十八条、第五十三条对诽谤、保密等作出的规定"禁止用任何方式对公民进行侮辱、诽谤和诬告陷害"，"中华人民共和国公民必须保守国家秘密"，从法律意义上，就是对新闻自由不得滥用的限制。

二、法律

我国其他一些法律对新闻传播活动也作出了相应的规定。我国现行最重要的基本法律，如刑法、民法通则、行政处罚法，同新闻活动都有十分密切的关系。例如：刑法规定，以造谣、诽谤或者其他方式煽动颠覆国家政权，推翻社会主义制度的；为境外的机构、组织、人员窃取、刺探、收买、非法提供国家秘密或者情报者，构成危害国家安全罪。严禁用任何方法、手段诬告陷害干部群众，禁止公然侮辱他人或者捏造事实诽谤他人；民法通则规定，公民、法人享有名誉权，公民的人格尊严受法律保护，禁止用侮辱、诽谤等方式损害公民、法人的名誉；保守国家秘密法对国家秘密的范围，保密制度和泄密的法律责任作了完整的规定。

另外，我国所制定的许多法律都同新闻活动有不同程度的关系，如统计法、档案法、消费者权益保护法、国家安全法等。

三、行政法规

国务院根据宪法和法律制定的与规范新闻活动有关的专门的行政法规也不少。1985年的《关于严禁淫秽物品的规定》、1987年的《国务院关于严厉打击非法出版物的通知》、1990年的《外国记者和外国常驻新闻机构管理条例》（已失效）和1994的《卫星电视广播地面接收设施管理规定》，是几个比较重要的行政法规。在此以后，国务院加紧制定发布了一些管理大众传播媒介的行政法规，如《音像制品管理条例》（19《电影管理条例》《出版管理条例》《印刷业管理条例》《广播电视管理条例》等，这些行政法规几乎涵盖了所有大众传播媒介的管理。

四、部门规章

国务院所属部委根据法律和国务院的行政法规、决定、命令，在部委的权限内按照规定程序也制定了一系列的规定、办法、实施细则、规则等规范性文件来规范新闻传播活动。如新闻出版署于1988年发布《期刊管理暂行规定》和《关于认定淫秽及色情出版物的暂行规定》，并与国家工商行政管理局联合发布《关于报社、期刊社、出版社开展有偿服务和经营活动的暂行办法》，1989年发布《关于部分应取缔出版物认定标准的暂行规定》，1990年发布《报纸管理暂行规定》，1996年发布《关于广播电台电视台设立审批管理办法》；国家保密局、中央对外宣传小组、新闻出版署、广播电视部于1992年联合发布《新闻出版保密规定》；公安部与新闻出版署1993年联合发布《关于鉴定淫秽录像带、淫秽图片有关问题的通知》；中宣部与新闻出版署于1993年联合发布《关于加强新闻队伍职业道德建设，禁止"有偿新闻"的通知》；中宣部、广电部、新闻出版署等于1997年发布《关于禁止有偿新闻的若干规定》，等等。

五、地方性法规

各地根据行政区域的具体情况和实际需要，在不同宪法、法律、行政法规相抵触的前提下也制定了一些规范性文件，同新闻传播活动直接或间接相关。如河北省通过的《河北省新闻工作管理条例》，云南省发布的《云南省出版条例》，上海市制定的《上海市图书报刊管理条例》，北京市公布施行的《北京市图书报刊音像市场管理条例》，山西省的《山西省广播电视管理条例》，新疆的《新疆维吾尔自治区广播电视管理条例》，安徽省的《安徽省图书报刊出版管理条例》，贵州省的《贵州省广播电视管理条例》，等等。

依托现行的法律、法规和规章，改革开放30多年来，我国新闻法治建设目前已初具规模，为我国新闻事业管理最终达到完善的法治打下了基础。

近年有关"媒体改革"的呼声日益升高，虚假报道、有偿新闻大量出现，记者和新闻媒体面临着信任危机；法制的不完善，导致记者与受众的合法权益未获得应有的保护；加之长期以来形成的束缚，新闻报道形式呆板，内容重复乏味，难以激发受众的兴趣；部分新闻工作者作风浮夸、素质不佳，导致报道脱离群众、脱离实际等现实问题凸显。

 **以案释法 09**

印刷非法出版物情节严重构成非法经营罪

2012年，赵某以湖北某图书文化工作室教辅专业策划人的身份，将自己组织编写的《黄冈金牌之路》系列图书带至某出版社，与该社工作人员刘某商谈用该社的名义和书号出版这系列图书，出版社对该教辅书组织三审三较，同时收取赵某缴纳的管理费和印刷押金后，同意该教辅书用该社的名义和书号出版发行。

2013年赵某成立赵氏文化发展有限公司，经营出版物的印刷，并于该出版社就《黄冈金牌之路》系列教辅丛书签订委托印刷合同。在印刷期间，为了更好地经营发行，获得市场效益，赵某等相关人员，擅自决定在其印刷的《黄冈金牌之路》系列教辅书封面上加注"人教实验版""北师大版"等字样。图书印刷后，交发行公司发行销售。

2013年4月至6月，位于驻马店市的某书店负责人马某向发行公司汇款购买包括封面上加注有"人教实验版""北师大版"等字样的《黄冈金牌之路》在内的系列教辅类书籍。2013年11月22日，驻马店市公安局侦查人员在该书店查扣封面加注"人教实验版""北师大版"字样的《黄冈金牌之路》系列教辅书共75031册。其中22078册与《中华人民共和国新闻出版总署新出鉴定（2008）12号〈出版物鉴定书〉》中确认的非法出版物属同种类图书；另34685册与《河南省新闻出版局豫新出鉴（2010）第10号〈出版物鉴定书〉》中确认的非法出版物属同种类图书。上述共计56763册图书均系非法出版物。案发后，经会计师事务所司法会计鉴定，非法经营的涉案图书数额为340578元。

 释解

人民法院审理认为，被告赵氏文化发展公司印刷非法出版物56763册，扰乱市场秩序，情节特别严重，其行为已构成非法经营罪；被告人赵某作为该公司直接负责的主管人员，对其亦应以非法经营罪定罪处罚。依据刑法以及《最高人民法院关于审理非法出版物刑事案件具体应用法律若干问题的解释》判决被告赵氏文化发展公司犯非法经营罪，判处罚金人民币十万元；被告人赵某犯非法经营罪，判处有期徒刑五年，并处罚金人民币三万元。

第三节　新闻出版广电法律制度的发展与完善

一、我国新闻出版广电法律制度的发展

尽管我国已经初步形成了新闻法律体系的框架，但新闻法制建设依旧存在着一些问题，远远谈不上完备。一方面，大量的新闻立法亟待出台；另一方面，现行的许多新闻立法也有待修改完善。

（一）确立我国新闻出版广电法律制度的理念

完善我国的新闻出版产业法律体系，必须充分注意到传媒的"产业属性"，从产业发展的角度构建新闻出版产业法律体系，使得法律在保证传媒的喉舌功能、信息传递功能等能够充分发挥的同时，也能够充分保障新闻出版产业经营功能的施展，充分保障新闻出版产业经营者的合法权益，为新闻出版产业的发展营造良好的法治环境。

（二）明确我国新闻出版广电法律制度的目标

由于传媒产业具有产业和意识形态的双重属性，这使其不同于其他产业，法律对其规范的目的并非仅仅为了其经济效益的实现，而是需要达到经济效益和社会效益并重的目标。这需要法律做两个方面的工作：

一要保护传媒产业的经济利益，促进产业的有效竞争和健康发展。这主要体现在法律对知识产权的保护，对市场交易行为的规范，对不正当竞争行为的禁止，对投融资行为的规范和保护、对本国产业的保护和扶持等；

二要强调对公共利益的维护。这主要体现在法律对市场准入的规制，对传播内容的控制，对外资介入传媒业务的限制等方面。

（三）确定我国新闻出版广电法律制度的立法模式

由于我国目前各类传媒产业发展不平衡，制定宏观传媒产业或文化产业法的时机尚不成熟。因此，对各传媒产业门类进行分别立法是目前的首选。但必须说明的是，此类立法只是其法律制度体系的一部分或主要部分。由于该行业涉及面广、产业链长，决定了其法律体系是一个以宪法为龙头，以各传媒产业基本法为主要内容，横跨行政法、民法、商法、经济法、社会法、刑法和诉讼法等多部门多层次的规范体系。由此也可以看出，新闻出版广电法律制度并非一个独立的法律部门，而是由涉及传媒产业的法律组成的一个集合体，或者说是一个松散的联合体。

二、新闻出版广电行业法律制度的完善

根据我国目前新闻出版广电行业的法律制度存在的问题，应当从以下几个方面完善：

（一）完善新闻出版广电行业主体法律制度

根据我国当前的传媒产业发展状况，新闻出版广电行业主体法律制度需要解决下列问题：法律制度应当如何体现传媒的双重属性？如何做到既能使其满足为社会主义制度服务的需要，又能符合市场经济发展的要求？何种传媒可以完全进入市场，何种传媒必须要肩负起公益的目标而不能完全由市场进行调节？不同类别传媒的主体地位如何界定？——是企业法人，事业单位法人，抑或是其他性质的法人？其法人治理结构、市场准入及退出机制又应当如何规范？

（二）完善新闻出版广电行业生产经营行为法律制度

如果从产业运作的角度予以分析的话，传媒的生产经营活动实际上是由下列行为构成的：新闻信息的收集、内容产品的生产制作、内容产品的销售、广告经营、资本运作等，上述行为分别设计传媒机构与采访对象、信息提供者、消费者、广告客户，以及合作者、其他传媒经营者之间的关系。新闻出版广电行业立法应当对其各个环节予以规范，明确规定经营者之间、经营者与消费者之间以及其他市场主体之间的权利义务，并通过完善的机制建立公平竞争、依法竞争的市场秩序。具体而言，包括以下几个方面的内容：（1）建立和完善新闻采集法律制度；（2）完善内容产品的生产制作法律制度；（3）完善内容产品经营法律制度；（4）完善广告经营法律制度；（5）完善资本运作法律制度，等等。对传媒产业生产经营行为的规范是新闻出版广电行业的立法重点。

（三）完善产业权益保障制度

新闻出版广电行业运作涉及多方利益，其中包括新闻出版广电行业自身的权益（如物权、知识产权等）、消费者的权益、作者的权益，以及新闻所涉当事人的权益等。上述当事人的权益能否得到应有的保护以及受保护的程度直接关系到新闻出版广电行业能否持续健康发展，新闻出版广电行业立法应当对此予以明确。

（四）完善新闻出版广电行业监管体系

强调传媒的产业属性并不是不要政府的管理，相反，在新闻出版广电行业的发展过程中，政府的管理发挥着重要作用。问题在于应当如何改革我国现行传媒行政管理体制的基础上，进一步构建适应新闻出版广电行业发展的新的管理体制和管理方法。这也是新闻出版广电行业立法应当明确规定的内容。

以案释法 ⑩

违反印刷经营许可管理导致合同无效

2003年5月14日，甲方蔡某与乙方符某双方签订合伙经营协议书，约定双方共同投资建印刷厂，甲方投入资金16.3万元购置一台J4104型单色胶印机，作为甲方合伙资本；乙方以现有印刷设备估价9万元为乙方合伙的固定资本；甲方参与管理，担任企业法定代表人，派人担任出纳员，乙方负责全面生产经营管理，担任会计工作；三年内，经营的收入除正常的开支外，利润的70%返还甲方的机器投资款，直至还完为止，30%作为生产再发展基金；甲方的投资款还清后，所有资产为甲、乙方双方共有，各占50%，生产经营的利润，双方各50%。

协议第七条还特别约定，合同在生产经营过程中中断，甲、乙双方各负责50%的机器损失（损失指J4104型单色四开印刷机还本后剩余金额的50%）。合伙协议签订后，甲方蔡某以16.3万元的价格购买了一台J4104型单色胶印机交给乙方符某经营管理。在未办理印刷许可证及工商注册登记的情况下，符某于2003年7月进行机器的调试及试生产，因为没有合法的营业执照及印刷经营许可证，被有关部门勒令停止营业。尔后，为了躲避检查，符某曾把机器搬至海口市某地租赁厂房放置及私下经营，但没有建立账本，也未告知蔡某实际支出及收入情况。2008年1月31日，符某将J4104单色胶印刷机退还给蔡某，双方终止合伙协议。尔后，蔡某以8万元的价格将机器出卖给别人。后蔡某要求符某承担赔偿机器损失未果，遂提起民事诉讼。

 释解

根据《印刷业管理条例》的规定，国家实行印刷经营许可制度。未依照法律规定取得印刷经营许可证的，任何单位和个人不得从事印刷经营活动。

我国实行印刷经营许可制度。蔡某与符某签订的合伙经营协议书，约定共同投资建印刷厂，但因双方在履行该协议中，未取得印刷经营许可证，根据合同法相关规定，违反法律、行政法规的强制性规定的合同无效。本案中，蔡某出资购买J4104型单色胶印机，交由符某经营管理从事印刷业务，由于一直没有取得印刷经营许可证，故双方当事人签订的合伙经营协议书应为无效。合同无效，因该合同取得的财产，应当予以返还。有过错的一方应当赔偿对方因此所受到的损失，双方都有过错的，应当各自承担相应的责任。诉讼前符某已将J4104型单色胶印机交还蔡某，已承担了返还财产责任。蔡某购买机器花费16.3万元，收回售出得款8万元，实际损失8.3万元，对此双方均有过错，应各自承担相应的责任，鉴于双方过错责任相当，该院确定双方各承担50%的责任。

第五章

著作权管理

导 读

著作权法律制度的发展、演变与信息传播技术的发展、革新有着直接的因果关系。在现代市场经济条件下，知识经济的发展，更要求对知识形态的作品给予有效的保护。在我国传播领域深刻变革的背景下，媒体的产业性日益凸显，对于著作权及其邻接权的保护的要求日益增强，所以，在大众传播的背景中，探讨著作权法的相关问题，就显得非常必要。

第一节　著作权概述

著作权法是调整因创作、传播和使用作品而产生的权利和义务关系的法律规范的总称。自改革开放以来，我国的著作权法律制度开始建立，并在20世纪90年代以后有了长足的进步，其所确立的保护水平也迈入世界先进行列。

一、著作权立法概况

民法通则在"民事权利"一章中对"著作权"作出了规定。1990年我国制定并颁布了著作权法，该法对著作权保护的问题进行了系统规定。为更好地保护文学、艺术和科学作品作者的著作权，以及与著作权有关的权益，鼓励有益于社会主义精神文明、物质文明建设的作品的创作和传播，促进社会主义文化和科学事业的发展与繁荣，全国人大常委会分别于2001年、2010年对著作权法进行了两次修正。修订后的著作权法，在几个方面作了改进：

（1）扩大了著作权保护的客体范围，将实用美术作品、杂技艺术作品等纳入保护范围；将计算机程序作为文字作品予以保护，延长其保护期，取消以登记作为取得著作权要件的规定；将"电影、电视、录像作品"扩大解释为"电影作品和以类似摄制电影的方法创作的作品"；有独创性的数据库被作为汇编作品受到保护。在权利内容方面，规定了电影作品、计算机程序的著作权人的出租权；拓宽了"表演权"的外延，将其解释为"公开表演作品，以及用各种手段公开播送作品的表演的权利"；规定了信息网络传播权，将其解释为"以有线或无线方式向公众提供作品，使公众可在其个人选定的时间和地点获得作品的权利"。

（2）在权利利用方面，除原有规定的著作权许可使用合同外，还增加规定了著作权转让合同。为了平衡著作权人的利益和社会利益，对个人使用中的个人复制、表演、播放、公务使用、翻译等行为给予一定的限制。借鉴其他国家的规定，将为编写教科书而使用他人作品的行为纳入法定许可的种类之一。

（3）在权利行使方面，创立著作权集体管理制度。

（4）在权利救济方面，明确对权利管理信息的保护并禁止商业性解密措施的应用，规定侵犯著作权的法定赔偿额；采取过错责任与过错推定责任相结合的原则，以加强对受害人的法律救济；在对侵权行为予以查处时，增加规定了著作权人的诉讼保全制度等。

此外，国内立法涉及著作权内容的还有民法通则、刑法等法律，还包括《信息网络传播权保护条例》《计算机软件保护条例》等行政法规、规章和相关规范性文件以及有著作权内容的司法解释。

二、著作权的构成

法律上的权利，离不开权利的客体、权利的主体以及所包含的权能三个部分。研究著作权，最关键的也是要搞清楚著作权保护什么即著作权的客体，谁可以享有著作权即著作权主体，享有著作权意味着权利人可以做什么即著作权的权能。

（一）著作权的客体

著作权的客体，是指由著作权法规定的受著作权法保护的对象，简言之，就是作品。著作权法所称作品，是指文学、艺术和科学领域内具有独创性并能以某种有形形式复制的智力成果。

智力成果要成为著作权法上的作品，必须具备两个要件即实质要件和形式要件。实质要件，即要求作品必须具有独创性。所谓独创性是指作品是作者自身创造性脑力劳动的结果，具有自身之个性。独创性要求的就是在表达上有自己不同于其他作品的形式即可，也就是说作者对其选定的内容需以文字、语言、声音、动作、色彩等表达符号以自己独有的一种安排的方式表现出来，显示出作者的个性即可。形式要件，即作品必须是能够固定于某种载体上，并能够进行复制。著作权法意义上的作品必须能够以某种物质形式固定下来，即必须有某种有形的物质形态存在，使人能够感知作品、使用作品，否则法律将难以保护。

关于作品的种类，包括以下列形式创作的文学、艺术和自然科学、社会科学、工程技术等作品：（1）文字作品；（2）口述作品；（3）音乐、戏剧、曲艺、舞蹈、杂技艺术作品；（4）美术、建筑作品；（5）摄影作品；（6）电影作品和以类似摄制电影的方法创作的作品；（7）工程设计图、产品设计图、地图、示意图等图形作品和模型作品；（8）计算机软件；（9）法律、行政法规规定的其他作品。

上述作品的种类，是从作品的表现形式不同进行分类的，此外著作权法根据作品的构成不同，创作的方式不同，还将作品分成了另外的种类，如与单个创作相对应的合作创作产生的合作作品，在原有作品的基础上进行再创作的演绎作品，还有与单篇作品相对应的将多件作品按照一定的原则和分类组合在一起的汇编作品。

不受著作权保护的作品：（1）依法禁止出版、传播的作品；（2）法律、法规，国家机关的决议、决定、命令和其他具有立法、行政、司法性质的文件，及其官方正式译文；（3）时事新闻；（4）历法、通用数表、通用表格和公式。

（二）著作权的主体

1.一般作品的著作权主体

著作权的主体指的是作品归属何者的问题，也即依法可以享有著作权的人和组织。我国法律不仅承认自然人可以成为著作权的主体，单位包括法人组织和非法人组织一定情况下也可以成为著作权的主体。根据主体自身的性质不同，著作权的主体可以分为自然人主体和单位主体；根据是否直接进行了创作，著作权的主体可以分为作者和非作者著作权人两种。

2.特殊作品的著作权主体

（1）演绎作品的著作权主体，改编、翻译、注释、整理的演绎作品其著作权归演绎作品人享有，但不得损害原作品的著作权，且第三人在使用演绎作品时，应征得原作品与演绎作品著作权人的同意。

（2）合作作品的权利主体。合作作品可以分割的，作者对各自创作的部分可以单独享有著作权，但不得侵犯合作作品的整体的著作权。合作作品不可分割的，作者不能单独使用作品。合作作者对著作权的行使如果不能协商一致，则任何一方无正当理由不得阻止他方行使转让以外的其他权利，但是所得收益应当合理分配给所有合作者。合作作者之一死亡后，其对合作作品享有的著作财产权无人继承又无人受遗赠的，由其他合作作者享有。

（3）职务作品的权利主体。职务作品指公民为完成法人或其他组织的工作任务所创作的作品。作者与所在工作机构应具有劳动关系。作者应当是在该机构或社会组织领取薪金的工作人员。创作的作品应当属于作者的职责范围。对作品的使用应当属于作者所在单位的正常工作任务或业务范围之内。职务作品的权利归属：

①主要是利用法人或其他组织的物质技术条件（即专门资金、及设备或资料等）

创作，并由法人或其他组织承担责任的工程设计图、产品设计图、地图、计算机软件等职务作品，作者享有署名权，著作权的其他权利由法人或其他组织享有。

法律、行政法规规定或合同约定著作权由法人或其他组织享有的职务作品，作者享有署名权，著作权的其他权利由法人或其他组织享有。

②除上述作品以外的，属于公民为完成法人或其他组织工作任务所创作的其他职务作品，其权利归作者享有，但法人或其他组织在其业务范围内优先使用（自该作品完成2年内，享有优先权）。经单位同意，作者许可第三人以与单位使用的相同方式使用作品获得的报酬，由作者与单位按约定的比例分配。职务作品与单位视为作者的含义不同，两者在构成要件和归属上都有不同。

③除构成职务作品外，由他人执笔，本人审阅定稿并以本人名义发表的报告、讲话等作品，著作权归报告人或讲话人享有。著作权人可以支付执笔人适当的报酬。

3. 汇编作品的主体

汇编作品是指选择、汇集、编排若干作品、作品的片段或者不构成作品的数据或者其他材料而形成的新作品。汇编不构成作品的数据或其他材料，对其内容的选择或者编排体现独创性的，也归为汇编作品。汇编人行使著作权时，不得侵犯原作品的著作权。汇编作品中可以单独使用的作品作者有权单独行使其著作权。

4. 委托作品的主体

受委托创作的作品，著作权的归属由委托人和受托人通过合同约定，合同未明确约定或未订立合同的，著作权属于受托人，但是，当事人合议以特定人物经历为题材完成的自传体作品，当事人对著作权权属有约定的，依其约定；没有约定的，著作权归该特定人物享有。

5. 视听作品的权利主体

制片人享有视听作品的著作权，但编剧、导演、摄影、作词、作曲等作者享有署名权，并有权按照与制片者签订的合同获得报酬。另外，剧本、音乐、摄影等作者有权单独行使其著作权。

6. 美术作品的权利主体

美术作品可以申请专利外观设计或著作权保护。美术等作品原件所有权的转移，不视为作品著作权的转移，但美术作品原件的展览权由原件所有人享有。

另外，民间文学艺术作品，由国务院另行规定。计算机软件作品，著作权属软件的开发者。不具名或不写明其真实姓名的匿名作品，由作品原件的合法持有人行使除署名权以外的著作权，作者身份确定后，由作者或其继承人行使著作权。

（三）著作权的内容

1. 著作人身权

著作人身权指作者基于作品依法享有的以人身利益为内容的权利，与著作财产权相对应。著作人身权基于创作的法律事实而发生，不同于民事权利的其他人身权。它具有较强的专属性，通常不得转让、继承和放弃。具体包括：

（1）发表权。发表权，即决定作品是否公之于众的权利。推定作者同意发表其作品的情况包括：一是作者许可他人使用其未发表的作品；二是作者将其未发表的美术作品原件所有权转让给他人。作者生前未发表的作品，如果作者未明确表示不发表，作者死亡后五十年内，其发表权可由继承人或者受遗赠人行使；没有继承人又无人受遗赠的，由作品原件的所有人行使。另外，如果因作品而产生的权利涉及第三人的，发表权往往还受到第三人权利（如肖像权）的制约。

（2）署名权。作者有权在自己的作品上署名，根据著作权法规定，如无相反证明，在作品上署名的公民、法人或者其他组织为作者。使用他人作品的，应当指明作者姓名、作品名称；但是，当事人另有约定或者由于作品使用方式的特性无法指明的除外。署名权的内容包括：①作者有权决定是否在作品上署名，是署真名、笔名、别名或隐去姓名以及署名顺序等；②作者有权禁止未参加创作的人在自己的作品上署名；③署名权不得转让、继承，也不得放弃，保护期限不限制。

（3）修改权。作者有权修改作品或授权其他人修改其作品的权利。修改权一般是指对作品进行的实质性修改，而非文字性修改。

（4）保护作品完整权。保护作品不受歪曲、篡改的权利，包括作品的完整性，也包括标题的完整性。歪曲是指故意改变事实或内容；篡改是指用作伪的手段改动或曲解，是否损害了作者的形象和声誉在所不问。

2.著作财产权

著作财产权是著作权人基于作品的利用所带来的财产收益权，具体包括：（1）复制权，即以印刷、复印、拓印、录音、录像、翻录、翻拍等方式将作品制作一份或者多份的权利；（2）发行权，即以出售或者赠与方式向公众提供作品的原件或者复制件的权利；（3）出租权，即有偿许可他人临时使用电影作品和以类似摄制电影的方法创作的作品、计算机软件的权利，计算机软件不是出租的主要标的的除外；（4）展览权，即公开陈列美术作品、摄影作品的原件或者复制件的权利；（5）表演权，即公开表演作品，以及用各种手段公开播送作品的表演的权利；（6）放映权，即通过放映机、幻灯机等技术设备公开再现美术、摄影、电影和以类似摄制电影的方法创作的作品等的权利；（7）广播权，即以无线方式公开广播或者传播作品，以有线传播或者转播的方式向公众传播广播的作品，以及通过扩音器或者其他传送符号、声音、图像的类似工具向公众传播广播的作品的权利；（8）信息网络传播权，即以有线或者无线方式向公众提供作品，使公众可以在其个人选定的时间和地点获得作品的权利；（9）摄制权，即以摄制电影或者以类似摄制电影的方法将作品固定在载体上的权利；（10）改编权，即改变作品，创作出具有独创性的新作品的权利；（11）翻译权，即将作品从一种语言文字转换成另一种语言文字的权利；（12）汇编权，即将作品或者作品的片段通过选择或者编排，汇集成新作品的权利。

（四）著作权的保护期限

著作权中的署名权、修改权、保护作品完整权无保护期限。发表权及著作财产权受保护期限限制。根据著作权法的规定，权利的保护期为作者终生及其死亡后五十年，截止于作者死亡后第五十年的12月31日；如果是合作作品，截止于最后死亡的作者死亡后第五十年的12月31日。法人或者其他组织的作品、著作权（署名权除外）由法人或者其他组织享有的职务作品，其权利的保护期为五十年，截止于作品首次发表后第五十年的12月31日，但作品自创作完成后五十年内未发表的，著作权法不再保护。

电影作品和以类似摄制电影的方法创作的作品、摄影作品，其权利的保护期为五十年，截止于作品首次发表后第五十年的12月31日，但作品自创作完成后五十年内未发表的，著作权法不再保护。

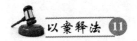以案释法 11

被授权人不得超出授权范围行使著作权，否则将承担法律责任

为了庆祝澳门回归祖国，原告北京某影视广告有限公司投资2300余万元，与某电影制片厂联合制作了反映澳门重大革命历史题材的电视剧。2010年10月，该电视剧获得广电总局颁发的《国产电视剧发行许可证》。2010年12月，被告广州市某文化传播有限公司将该电视剧制作成DVD光盘公开发行，并通过某网站擅自销售上述DVD光盘。原告认为被告侵犯其合法权益，起诉至法院。

被告答辩称，涉案影片原始权利人已经将该片的发行权授权给了北京某国际文化发展有限公司，并签订有书面合同。被告发行涉案DVD光盘系通过合法途径取得，有北京某国际文化发展有限公司的授权，并支付了相应的版权费用。所以公司发行涉案DVD光盘并不构成侵权。

释解

根据著作权法的规定，复制品的出版者、制作者不能证明其出版、制作有合法授权的，复制品的发行者或者电影作品或者以类似摄制电影的方法创作的作品、计算机软件、录音录像制品的复制品的出租者不能证明其发行、出租的复制品有合法来源的，应当承担法律责任。著作权法规定专有使用权的内容由合同约定，合同没

有约定或者约定不明的，视为被许可人有权排除包括著作权人在内的任何人以同样的方式使用作品；除合同另有约定外，被许可人许可第三人行使同一权利，必须取得著作权人的许可。

广州文化公司所行使的发行权来源于北京某国际文化发展有限公司的授权，然而该公司并不享有发行权转授的权利。依据电影制片厂与北京某国际文化发展有限公司的《电视剧发行合作协议》，可以认定该公司依法享有涉案电视剧的发行权，该公司据此享有与音像制品制作、出版单位签订合同，实现电视剧发行的权利。但北京某国际文化发展有限公司享有的上述权利，并不含有将发行权转授的权利。

本案中，广州文化公司发行涉案电视剧的行为不具合法授权，涉案 DVD 制品为非法出版物，其发行行为，未经合法授权，侵犯了电影制片公司的发行权。同时，广州文化公司许可辽宁某广播电视音像出版社制作、出版涉案 DVD 制品亦侵犯了电影制片公司的复制权。广州文化公司因此对电影制片厂造成的经济损失，应当承担停止侵权以及赔偿经济损失的法律责任。

法院经审理后判决：被告自判决生效之日起立即停止发行涉案 DVD 光盘；赔偿原告经济损失十二万元；赔偿原告因此支出的合理费用五千二百四十元。

第二节　邻接权

邻接权是指作品的传播者在传播作品的过程中对其创造性劳动成果依法享有的专有权利。

一、表演者权

表演者权指表演者依法对其表演所享有的权利。其产生的前提是著作权人将其作品的表演权许可给表演者行使。只有公开的表演才能得到保护。表演，指演奏乐曲、上演剧本、朗诵诗词等直接或借助技术设备的声音、表情、动作公开再现作品。因此，著作权邻接权所保护的表演只涉及对作品的表演。杂技表演、马戏表演、体育项目表演等均不属于著作邻接权保护范围。

表演者对其表演享有下列权利：（1）表明表演者身份；（2）保护表演形象不受歪曲；（3）许可他人从现场直播和公开传送其现场表演，并获得报酬；（4）许可他人录音录像，并获得报酬；（5）许可他人复制、发行录有其表演的录音录像制品，并获得报酬；（6）许可他人通过信息网络向公众传播其表演，并获得报酬。

表演者的财产权利受保护期限限制，保护期为五十年，截止于该表演发生后的 12 月 31 日。被许可人特定情况下使用作品，还应当取得著作权人许可，并支付报酬。

表演者的义务：

（1）支付报酬。表演者使用他人作品进行演出，表演者（演员、演出单位）应当取得著作权人许可，并支付报酬。演出组织者组织演出，由该组织者取得著作权人许可，并支付报酬。

（2）获得许可。表演者使用改编、翻译、注释、整理已有作品而产生的作品进行演出，应当取得改编、翻译、注释、整理作品的著作权人和原作品的著作权人许可，并支付报酬。表演演绎、汇编作品，应当取得演绎、汇编作者和原作品著作权人的双重许可，并双重支付报酬。

（3）不侵犯他人权益。表演者依照著作权法使用他人作品的，不得侵犯著作权作者的署名权、修改权、保护作品完整权和获得报酬权。

二、录音录像制作者权

录音制品是指任何对表演的声音和其他声音的录制品，如唱片、录音磁带、激光唱片等。录像制品是指电影作品和以类似摄制电影的方法创作的作品以外的任何有伴音或者无伴音的连续相关形象、图像的录制品。录像作品是指录像制作者进行了创作，创作成果是录像作品；如果录制者仅仅是机械地、忠实地录制现存的音乐、表演等，如录制讲课、舞台表演、动物世界等，那么此类作品就是录像制品。

录音录像制作者的权利，即许可他人复制、发行、出租、通过信息网络向公众传播，并获得报酬的权利。被许可人复制、发行、出租、通过信息网络向公众传播录音录像制品，应当取得著作权人、表演者许可，并支付报酬；权利的保护期为五十年，截止于该作品首次制作完成后第五十年的12月31日。

录音录像制作者的义务：（1）使用他人作品制作录音录像制品，应当取得著作权人许可，并支付报酬；（2）使用演绎作品录制，应当取得前后作者的许可；（3）使用他人已经合法录制为录音制品的音乐作品录制录音制品，可以不经著作权人许可，但应当按照规定支付报酬；（4）著作权人声明不许使用的不得使用；（5）被许可人复制、发行、通过信息网络传播录音录像制品，应当取得著作权人、表演者许可，并支付报酬；（6）录音录像制作者制作录音录像制品，应当同表演者订立合同，并支付报酬。

三、广播组织权

广播组织权是指广播电台、电视台等广播组织对其编制的广播电视节目依法享有的权利。主体是制作并播放广播电视节目的组织。

广播电视组织的权利：（1）将其播放的广播、电视转播的权利；（2）将其播放的广播、电视录制在音像载体上以及复制音像载体的权利；（3）权利保护期为五十年，截止于该广播、电视首次播放后第五十年的12月31日。

广播电视组织的义务：（1）播放他人未发表的作品，应当取得著作权人许可，并支付报酬；（2）播放他人已发表的作品，可以不经著作权人许可，但应当支付报酬，法律另有规定的除外；（3）广播电台、电视台播放已经出版的录音制品，可以不经著作权人许可，但应当支付报酬，当事人另有约定的除外；（4）电视台播放他人的电影作品和以类似摄制电影的方法创作的作品、录像制品，应当取得制片者或录像制作者许可，并支付报酬；（5）播放他人的录像制品，还应当取得著作权人的许可，并支付报酬。

四、出版者权

出版者权是指出版者对其出版的图书和期刊的版式设计享有的专有权。一般包括图书、报纸、期刊等出版单位出版的主要以文字、线条、代码、图案表示的文字作品、音乐作品、戏剧作品、舞蹈作品。出版权的客体是出版者所出版的报纸、图书、期刊及其版式、装帧等。

（一）出版者的权利

1. 图书出版者的专有出版权

专有出版权是指图书出版者对著作权人交付的作品，根据合同的约定，在合同有效期内和在合同约定的地区，享有以同种文字的原版、修订版和缩编本的方式出版图书的独占权利。图书出版者的专有出版权依照合同约定，由著作权人授权。图书出版者重印、再版作品的，应当通知著作权人，并支付报酬。

2. 版式设计的专有使用权

版式设计的专有使用权指出版者出版图书、刊登文章所使用的开本、字体、自行、篇章结构安排等，包括图书出版者对其出版的图书的封面、封底、护封所作的装潢设计和报刊出版者对其出版的报纸、杂志的刊头、封面、版面、封底等所作的装潢设计。

版式设计权的保护期限为十年，截止于使用该版式设计的图书、期刊首次出版后第十年的12月31日。

3、图书出版者、报社、期刊社对作品的修改权

图书出版者经作者许可，可以对作品进行（文字性和内容性）修改、删节。报刊、期刊社可以对作品作文字性修改、删节。对内容的修改应当经作者许可。作品刊登后，除著作权人声明不得转载、摘编的外，其他报刊可以转载或者作为文摘、资料刊登，但应当按照规定向著作权人支付报酬。

（二）出版者的义务

与著作权人订立书面合同。图书出版者出版图书，应同著作权人订立书面合同，著作权人向报社、杂志社投稿的除外。著作权人向报社、期刊社投稿的，自稿件发出之日起15日内未收到报社通知决定刊登的，或者自稿件发出之日起30日内未收到

期刊社通知决定刊登的,可以将同一作品向其他报社、期刊社投稿。双方另有约定的除外。按期、按质出版作品。出版演绎作品,应取得前后著作权人的双重许可。向著作权人支付报酬。

 以案释法 12

网络销售平台对侵犯著作权行为应承担的责任

原告上海某出版社主张被告北京某电子商务公司侵犯了其对音像制品《腔》享有的独家出版发行权,并给其造成了经济损失。请求法院判令该公司停止侵权、赔偿经济损失及诉讼合理费用1.5万元。

诉讼中,该公司对于涉案光盘与音像制品《腔》专辑中相同名称歌曲的音源一致性不持异议,但表示涉案光盘系从某音像公司购进,且该公司在进货时审查了音像公司的资质文件。就此,商务公司提交了其与音像公司签订的商品购销合同、销售单、音像公司出具的证明涉案光盘系其提供的供货证明以及音像公司的营业执照和出版物经营许可证复印件。出版社表示即便涉案光盘系商务公司从音像公司购进,但该公司明知涉案光盘系盗版光盘仍然采购并进行销售,存在过错,构成侵权。

 释解

根据著作权法相关规定,录音录像制作者对其制作的录音录像制品,享有许可他人复制、发行、出租、通过信息网络向公众传播并获得报酬的权利。出版社主张权利的《腔》CD光盘系其出版发行,根据该光盘上标注的信息以及出版社出具的证据,在无相反证据的情况下,可以认定该光盘为某音乐工作室录制,其作为录音制品的录制者,依法享有该录音制品的复制权和发行权。根据工作室与出版社签订的合约书,出版社取得了上述录音制品的独家发行权,有权以自己的名义主张权利。

根据著作权法的规定,复制品的出版者、制作者不能证明其出版、制作有合法授权的,复制品的发行者或者电影作品或者以类似摄制电影的方法创作的作品、计算机软件、录音录像制品的复制品的出租者不能证明其发行、出租的复制品有合法来源的,应当承担法律责任。电子商务公司销售涉案CD光盘侵犯了出版社对相应歌曲录音所享有的发行权。电子商务公司作为涉案光盘的销售者,提供了合法的进货来源,在进货过程中审了供货方的资质文件,且供货方在双方之间的合同中保证所提供的商品系合法出版的出版物,故电子商务公司销售涉案光盘主观上没有过错,不应承担赔偿责任。但是在电子商务公司知晓涉案光盘系侵权光盘的情况下,其应承担停止销售的法律责任。

法院经审理判决，电子商务公司于判决生效之日立即停止销售涉案 CD 光盘的行为；驳回原告出版社的其他诉讼请求。

第三节　著作权的限制

著作权法在保护著作权人和传播者利益的同时，还须兼顾社会公共利益，防止权利被滥用，阻碍和束缚科学技术的进步和文化的繁荣，为了协调著作权人、邻接权人、社会公众之间的利益平衡。著作权法设定了著作权限制的法律制度，它包括合理使用、法定许可、强制许可。

一、著作权的合理使用

著作权的合理使用是指在特定条件下，法律允许他人自由使用享有著作权的作品而不必征得著作权人的同意，也不必向著作权人支付报酬的制度。适用于对出版者、表演者、录音录像制作者、广播电台、电视台的权利的限制，但是，必须满足合理使用的条件：（1）使用的作品已经发表，未发表的作品不属于合理使用的范围；（2）使用的目的仅限于为个人学习、研究、欣赏，或为了教学、科学研究、宗教或慈善事业以及公共文化利益的需要；（3）不得损害作者的著作权的人身权利；（4）不得与原作品的正常使用相冲突，从而严重影响原著作权人的经济利益。

根法定的合理使用情形。据著作权法第二十二条规定："在下列情况下使用作品，可以不经著作权人许可，不向其支付报酬，但应当指明作者姓名、作品名称，并且不得侵犯著作权人依照本法享有的其他权利：（一）为个人学习、研究或者欣赏，使用他人已经发表的作品；（二）为介绍、评论某一作品或者说明某一问题，在作品中适当引用他人已经发表的作品；（三）为报道时事新闻，在报纸、期刊、广播电台、电视台等媒体中不可避免地再现或者引用已经发表的作品；（四）报纸、期刊、广播电台、电视台等媒体刊登或者播放其他报纸、期刊、广播电台、电视台等媒体已经发表的关于政治、经济、宗教问题的时事性文章，但作者声明不许刊登、播放的除外；（五）报纸、期刊、广播电台、电视台等媒体刊登或者播放在公众集会上发表的讲话，但作者声明不许刊登、播放的除外；（六）为学校课堂教学或者科学研究，翻译或者少量复制已经发表的作品，供教学或者科研人员使用，但不得出版发行；（七）国家机关为执行公务在合理范围内使用已经发表的作品；（八）图书馆、档案馆、纪念馆、博物馆、美术馆等为陈列或者保存版本的需要，复制本馆收藏的作品；（九）免费表演已经发表的作品，该表演未向公众收取费用，也未向表演者支付报酬；（十）对设置或者陈列在室外公共场所的艺术作品进行临摹、绘画、摄影、录像；（十一）将中国公民、法人或者其他组织已经发表的以汉语言文字创作的作品翻译成少数民族语言文字作品在国内出版发行；（十二）将已经发表的作品改成盲文出版。

前款规定适用于对出版者、表演者、录音录像制作者、广播电台、电视台的权利的限制。"

二、著作权的法定许可

法定许可使用是指依据著作权法的直接规定，以一定方式使用他人已经发表的作品，可以不经著作权人同意，但应按规定支付报酬并尊重著作权人其他权利的一项法律制度。

（一）法定许可使用的适用条件

法定许可使用的适用条件有：(1) 基于法律的明确规定；(2) 只能针对已经发表的作品，且著作权人或有关邻接权人声明不许使用的除外；(3) 必须向有关著作权人或邻接权人按规定支付报酬；(4) 不得侵害著作权人或邻接权人的精神权利或其他财产权利。

（二）法定许可使用情形

(1) 为实施九年制义务教育和国家教育规划而编写出版教科书，除作者事先声明不许使用的外，可以不经著作权人许可，在教科书中汇编已经发表的作品片段或者短小的文字作品、音乐作品或者单幅的美术作品、摄影作品，但应当按照规定支付报酬，指明作者姓名、作品名称，并且不得侵犯著作权人依照著作法享有的其他权利。该项规定适用于对出版者、表演者、录音录像制作者、广播电台、电视台的权利的限制。

(2) 作品被报社、期刊社刊登后，除著作权人声明不得转载、摘编的外，其他报刊可以转载或者作为文摘、资料刊登。

(3) 已在报刊上刊登或者网络上传播的作品，除著作权人声明或者上传该作品的网络服务提供者受著作权人的委托声明不得转载、摘编的以外，网站可以转载、摘编。

(4) 录音制作者使用他人已经合法录制为录音制品的音乐作品制作录音制品，著作权人声明不许使用的除外。

(5) 广播电台、电视台播放他人已经发表的作品。

(6) 广播电台、电视台播放已经出版的录音制品。当事人另有约定的除外。

三、著作权的强制许可

强制许可使用，是指在一定条件下，作品的使用者基于某种正当理由需要使用他人已发表的作品时，经申请由著作权行政管理部门授权，即可使用该作品，无需征得著作权人同意，但应当向其支付报酬的制度。我国著作权法没有规定强制许可制度，但适用《伯尼尔公约》《世界版权公约》关于强制许可的规定。

著作权的强制许可，需要注意两点：第一，需经使用人事先申请，由主管机关个案批准授权后方可使用，并向著作权人支付报酬；第二，未获主管机关授权的不得使用，强制许可的对象仅限于已经发表的作品。

对著作权法定合理使用的限制

原告毕某作为图书《红》的作者，对其享有著作权。原告发现被告实验中学的网站上，未经许可，即登载该文。毕某遂将实验中学起诉至法庭。

被告实验中学辩称：学校是公益和非营利组织，出于教学目的合理使用《红》，没有侵犯毕某著作权的主观故意。另外，实验中学网站进行了设置，只有部分拥有用户名和密码的人才能下载作品。

法院经过审理，最终判决被告侵犯了原告的著作权，被告应立即停止侵犯著作权的行为，在某日报上登报向毕某赔礼道歉，并赔偿毕某的经济损失。

根据著作权法的相关规定，为学校课堂教学或者科学研究，翻译或者少量复制已经发表的作品，供教学或者科研人员使用，构成合理使用。该规定限定了合理使用的范围，即学校的课堂教学或者科学研究，这种课堂教学应限定于教师与学生在教室、实验室等处所进行的现场教学，并且是为上述目的的少量复制，这样的复制不应超过课堂教学的需要，也不应对作者作品的市场传播带来损失。本案中，实验中学将毕某的涉案作品登载在学校网站上，不构成用于课堂教学的合理使用行为，不属于法定的合理使用范畴。故被告合理使用的抗辩主张不能成立。

第四节　著作权侵权和保护

一、著作权侵权行为
（一）侵权行为的构成要件

（1）行为人主观上有过错，即行为人对其行为造成的损失在主观上有过错（包括故意和过失）。但是并不是所有的侵权责任都须以当事人主观上有过错为前提条件。如，即使传播者没有过错，被侵权人仍有权要求它停止销售侵权产品。

（2）行为违法。行为违法程度的大小或量的因素并不影响侵权的成立。如50万字的小说中用了他人的一首小诗而未注明出处，又未经作者的事先许可，仍然构成侵权。

（3）权利人受到损害。损害不仅指给权利人造成的具体的损失，也包括对其合法权益的潜在威胁。

（4）违法行为和损害后果之间有因果联系。

（二）法定侵权行为

1.一般的侵权责任

根据著作权法第四十七条规定，有下列侵权行为的，应当根据情况，承担停止侵害、消除影响、赔礼道歉、赔偿损失等民事责任：（1）未经著作权人许可，发表其作品的；（2）未经合作作者许可，将与他人合作创作的作品当作自己单独创作的作品发表的；（3）没有参加创作，为谋取个人名利，在他人作品上署名的；（4）歪曲、篡改他人作品的；（5）剽窃他人作品的；（6）未经著作权人许可，以展览、摄制电影和以类似摄制电影的方法使用作品，或者以改编、翻译、注释等方式使用作品的，著作权法另有规定的除外；（7）使用他人作品，应当支付报酬而未支付的；（8）未经电影作品和以类似摄制电影的方法创作的作品、计算机软件、录音录像制品的著作权人或者与著作权有关的权利人许可，出租其作品或者录音录像制品的，著作权法另有规定的除外；（9）未经出版者许可，使用其出版的图书、期刊的版式设计的；（10）未经表演者许可，从现场直播或者公开传送其现场表演，或者录制其表演的；（11）其他侵犯著作权以及与著作权有关的权益的行为。

2.严重的侵权行为

著作权法第四十八条规定，有下列侵权行为的，应当根据情况，承担停止侵害、消除影响、赔礼道歉、赔偿损失等民事责任；同时损害公共利益的，可以由著作权行政管理部门责令停止侵权行为，没收违法所得，没收、销毁侵权复制品，并可处以罚款；情节严重的，著作权行政管理部门还可以没收主要用于制作侵权复制品的材料、工具、设备等；构成犯罪的，依法追究刑事责任：（1）未经著作权人许可，复制、发行、表演、放映、广播、汇编、通过信息网络向公众传播其作品的，著作权法另有规定的除外；（2）出版他人享有专有出版权的图书的；（3）未经表演者许可，复制、发行录有其表演的录音录像制品，或者通过信息网络向公众传播其表演的，著作权法另有规定的除外；（4）未经录音录像制作者许可，复制、发行、通过信息网络向公众传播其制作的录音录像制品的，著作法另有规定的除外；（5）未经许可，播放或者复制广播、电视的，著作法另有规定的除外；（6）未经著作权人或者与著作权有关的权利人许可，故意避开或者破坏权利人为其作品、录音录像制品等采取的保护著作权或者与著作权有关的权利的技术措施的，法律、行政法规另有规定的除外；（7）未经著作权人或者与著作权有关的权利人许可，故意删除或者改变作品、录音录像制品等的权利管理电子信息的，法律、行政法规另有规定的除外；
（8）制作、出售假冒他人署名的作品的。

二、著作权侵权行为的法律责任

所谓法律责任，是指当事人对某种违法行为或法律事实造成的法律后果而应当承担的法律上的责任。它有两个特征：一是确定性，责任预先由法律规定；二是具有强制性，法律责任一般分为民事责任、行政责任和刑事责任。

（一）民事责任

著作权是民事权利的一种，侵犯著作权应当承担民事责任。按照著作权法的规定，侵犯著作权要承担民事责任的具体方式有停止侵害、消除影响、公开赔礼道歉、赔偿损失等。

1. 停止侵害

停止侵害即责令侵权人停止正在进行的侵权行为。实践中，停止侵害包括停止出版、发行、封存处理、中止侵权作品的扩散等。一般民事权利被侵害，权利人只能在起诉后请求人民法院责令侵权人停止侵害。而对著作权的保护有特殊的规定，即诉前保全措施，根据著作权法第五十条的规定，著作权人或者与著作权有关的权利人有证据证明他人正在实施或者即将实施侵犯其权利的行为，如不及时制止将会使其合法权益受到难以弥补的损害的，可以在起诉前向人民法院申请采取责令停止有关行为和财产保全的措施。

2. 消除影响、公开赔礼道歉

消除影响、公开赔礼道歉一般适用侵权行为给著作权人造成人身权利的损害。消除影响是恢复名誉的一种形式；赔礼道歉是安慰受精神创伤的一种方式。

3. 赔偿损失

赔偿损失即侵权人用自己的财产补偿著作权人因遭受侵权所造成的损失。因民事责任不具有惩罚性，所以确定赔偿范围时，一般以被害人的实际损失为限。具体来说，根据我国著作权法第四十九条规定："侵犯著作权或者与著作权有关的权利的，侵权人应当按照权利人的实际损失给予赔偿；实际损失难以计算的，可以按照侵权人的违法所得给予赔偿。赔偿数额还应当包括权利人为制止侵权行为所支付的合理开支。 权利人的实际损失或者侵权人的违法所得不能确定的，由人民法院根据侵权行为的情节，判决给予五十万元以下的赔偿。"

著作权法第四十七、四十八条所列举的侵权行为，均适用民事责任。

（二）行政责任

行政责任即侵权人侵犯著作权，由著作权行政管理机关依据法律法规对其所作的惩罚性处理。行政责任与承担民事责任的不同，承担民事责任是强制侵权行为人履行义务，但一般不具有惩罚性；而行政处罚则侧重于惩罚侵权行为人。

著作权法第四十八条规定的八种侵权行为，除了要求行为人承担民事责任外，还可以处以行政处罚。

我国著作权法第四十八条对行政处罚的方式明确规定了四项，即责令停止侵权行为，没收违法所得，没收、销毁侵权复制品和罚款。其中没收非法所得是指将侵权人因侵权行为所获得的全部利益收缴国库，不让侵权者因侵权获得任何经济利益。罚款是指除没收侵权者非法所得外，再给予一定数额的经济惩罚。

（三）刑事责任

我国的刑法规定了两项侵犯著作权的犯罪，分别为侵犯著作权罪和销售侵权复制品罪。

1. 侵犯著作权罪

刑法第二百一十七条规定，以营利为目的，有下列侵犯著作权情形之一，违法所得数额较大或者有其他严重情节的，处三年以下有期徒刑或者拘役，并处或者单处罚金；违法所得数额巨大或者有其他特别严重情节的，处三年以上七年以下有期徒刑，并处罚金：（1）未经著作权人许可，复制发行其文字作品、音乐、电影、电视、录像作品、计算机软件及其他作品的；（2）出版他人享有专有出版权的图书的；（3）未经录音录像制作者许可，复制发行其制作的录音录像的；（4）制作、出售假冒他人署名的美术作品的。

2. 销售侵权复制品罪

刑法第二百一十八条规定，以营利为目的，销售明知是侵犯著作权的侵权复制品，违法所得数额巨大的，处三年以下有期徒刑或者拘役，并处或者单处罚金。

单位犯侵犯著作权罪和销售侵权复制品罪的，对单位判处罚金，并对其直接负责的主管人员和其他直接责任人员追究刑事责任。

三、著作权特殊保护方式

（一）诉前保全

根据著作权法及相关法律规定，著作权侵权案件中的诉前保全措施有财产保全与证据保全两种方式。

1. 财产保全

著作权人或者与著作权有关的权利人有证据证明他人正在实施或者即将实施侵犯其权利的行为，如不及时制止将会使其合法权益受到难以弥补的损害的，可以在起诉前向人民法院申请采取财产保全的措施。申请人应当提供担保，不提供担保的，由人民法院驳回申请。人民法院接受申请的，必须在四十八小时内作出裁定；裁定采取财产保全措施的，应当立即开始执行。申请人在人民法院采取保全措施后十五日内不起诉的，人民法院应当解除财产保全；被申请人提供担保的，人民法院也应当解除财产保全。

2.证据保全

为制止侵权行为，在证据可能灭失或者以后难以取得的情况下，著作权人或者与著作权有关的权利人可以在起诉前向人民法院申请保全证据。申请人应当提供担保，不提供担保的由法院驳回申请。人民法院接受申请后，必须在四十八小时内作出裁定；裁定采取保全措施的，应当立即开始执行。申请人在人民法院采取保全措施后十五日内不起诉的，人民法院应当解除保全措施。

（二）诉前禁令

著作权法第五十条第一款规定："著作权人或者与著作权有关的权利人有证据证明他人正在实施或者即将实施侵犯其权利的行为，如不及时制止将会使其合法权益受到难以弥补的损害的，可以在起诉前向人民法院申请采取责令停止有关行为和财产保全的措施。"

（三）举证责任倒置

举证责任倒置，是指法律直接规定侵权诉讼案件中，由侵权人负责举证，证明与损害结果之间不存在因果关系或者是受害人、第三人有过错。证明不了损害结果之间存在因果关系或受害人、第三人无过错的，应当承担法律责任。

著作权法第五十三条规定："复制品的出版者、制作者不能证明其出版、制作有合法授权的，复制品的发行者或者电影作品或者以类似摄制电影的方法创作的作品、计算机软件、录音录像制品的复制品的出租者不能证明其发行、出租的复制品有合法来源的，应当承担法律责任。"

以案释法 14

市场管理公司是否需要为销售侵权产品承担责任

原告秦某系著名职业摄影师，2005年9月原告运用其独创的"蓝夜"拍摄手法拍摄完成了摄影作品"湘江两岸"。原告认为，被告甲公司未经原告授权或许可，擅自在其生产的数码产品上使用原告的摄影作品"湘江两岸"作为主要背景；被告乙公司作为市场管理公司未尽合理注意义务，销售上述侵权产品，两被告的行为侵犯了原告的著作权，并给原告造成巨大的经济损失，原告遂提起诉讼。

被告乙公司辩称：其是市场管理者，并非是具体的经营者、销售者，不存在销售和经营行为，不应当承担侵权的民事责任；而且其已经尽到了合理的注意义务，市场内有10万余种商品在进行销售，不可能具体到对每一个产品的著作权都进行审核，且对原告秦某作为摄影家并不了解。故请求驳回原告对于被告对其所有诉讼请求。

法院审理后判决：被告甲公司在判决生效之日起立即停止对原告秦某摄影作品

"湘江两岸"的侵权行为；在《新闻晨报》（除中缝外）上公开向原告秦某赔礼道歉（刊登内容须经法院审核）；赔偿原告秦某经济损失，包括为制止侵权所支出的合理调查费用，共计人民币12000元；对原告秦某其他诉讼请求不予支持。

 释解

商品交易市场的市场管理公司本质上是以提供服务、获得场地租金为目的的经济组织。法院认为，并不能根据侵权行为发生在商品交易市场内就推定市场管理公司是销售者，实际销售侵权产品的应是租用市场内经营场地的商户。市场管理公司与商户之间并不是简单的租赁合同关系，而是一种包括提供场地、提供物业服务、信息服务、物流服务以及金融服务等的综合性服务关系。因此，市场管理公司并不是"实际销售者"，也并不仅仅是提供经营场地的"房东"，而是一类特殊的综合性服务公司。

认定被告乙公司是否应承担侵权责任的前提是分析其是否负有保护他人知识产权的注意义务。乙公司作为市场管理公司负有市场准入前的审查义务、日常管理中的巡查义务以及明知侵权后的补救义务。本案中，乙公司向法院提供了其与实际销售者签订的商铺使用管理合同以及实际销售者的个体工商户营业执照，尽到了市场准入前的注意义务。权利人发现市场内存在的侵权行为后并没有向乙公司发出要求制止侵权行为的通知，原告秦某也没有提供其他证据证明乙公司对市场内的侵权行为是明知的，因此，乙公司并不负有明知侵权后的补救义务。因此，本案的关键是审查被告乙公司是否违反日常管理中的巡查义务，是否应当知道原告诉称的侵权行为。对此，法院结合涉案知识产权的知名度、涉案知识产权的使用方式以及侵权行为的持续时间、规模等因素进行综合考量。

第一，从涉案知识产权的知名度看，本案中受到侵犯的是原告拍摄的"湘江两岸"的摄影作品，该摄影作品并非十分知名，社会公众对作品的来源也没有形成普遍的认知。由于对摄影作品运用的拍摄技巧缺乏专业知识，一般公众无法轻易地判断作品到底是销售者自己拍摄，还是销售者使用了他人的作品。因此，侵权行为并非十分明显。对于被告乙公司而言，其并非专业的摄影师，而且市场内有10万余种商品在进行销售，其没有能力对每一个产品都进行审核；即使其对涉案产品进行审核，由于作品缺乏知名度，其也没有能力判断涉案产品使用的作品是否侵权。

第二，从涉案知识产权的使用方式看，本案中受到侵犯的摄影作品是作为数码产品的背景进行使用，而且该数码产品并不是仅仅使用了原告的摄影作品，还有其他摄影作品，让市场管理公司发现数码产品某张背景图片涉嫌侵犯他人知识产权显然是对市场管理公司的过高要求。

第三，从侵权行为的持续时间、规模等情节看，如果侵权行为的持续时间特别长，侵权产品的销售规模十分庞大，市场管理公司在日常巡查中发现上述侵权行为的难度便会相对降低。如果市场管理公司在此种情况下仍然没有发现侵权行为，可以认定其违反注意义务。但本案中原告并没有对侵权行为的持续时间、销售规模等侵权情节进行举证证明。

综上，虽然市场管理公司基于开办市场的先行行为负有保护他人知识产权不受侵犯的注意义务，但本案中被告乙公司并没有违反该注意义务，无需承担相应的民事责任。

第六章

出版管理

　　出版法，是指国家制定或者认可的，调整出版法律关系主体的各种出版活动的法律规范的总称。出版法有狭义和广义两种理解。狭义的出版法仅指出版法典，即国家最高立法机关制定颁布的关于出版的专门法律。我国目前还没有专门的出版法。广义的出版法，除出版法典外，还包括其他法律法规中有关新闻出版的规定。我国对传播法学的研究起步较晚，还尚未形成一门独立的学科，出版法学作为传播法学的分支学科，对其研究更是刚刚开始。

第一节　　出版法概述

　　2001年12月，中国正式加入了WTO，这对我国尚未成熟的新闻出版业造成了巨大冲击。为适应WTO的要求，中国政府积极主动采取措施，陆续出台了《出版管理条例》《音像制品管理条例》《期刊出版管理规定》等法规，并相应修改了《著作权法》，初步形成了出版法律体系。

一、出版法律关系的特点

　　出版法律关系是指出出版法所调整的当事人在各种出版活动中形成的权利义务关系，是出版关系为出版法律规范调整的结果。

　　出版法律关系的特点是：

　　其一，其主体既有平等性，也有不平等性。出版法律关系的主体有很多种，如出版单位、作者、出版主管部门等，各种主体之间形成的出版法律关系总体可以分为两类，即平等主体之间的出版法律关系和不平等主体之间的出版法律关系。

其二，以国家意志为主导，当事人意志为从属。我国对新闻出版活动实行事先审查制度，具有较强的国家干预性，因此，现行的出版法律规范更多的是国际对新闻出版活动的管理和监督，体现国家意志。当事人基于出版合同形成的共同意志也要服从于国家意志，不得违反相关的出版法律法规。

其三，是在出版活动中形成的权利义务关系。出版法律关系的基础是出版关系，而出版关系的形成是以当事人参与各种出版活动为前提的。没有参与出版活动，包括合法和违法的出版活动，当事人之间便不会产生出版关系，更不会形成出版法律关系。

作为一种法律关系，出版法律关系同样具有主体、内容、客体三个要素。下面分别予以讲述。

二、出版法律关系的要素

（一）出版法律关系的主体

出版法律关系的主体，是指在新闻出版活动中享有权利和承担义务的自然人、法人或者其他组织。成为出版法律关系的主体必须具备一定的条件，即必须具有出版权利能力和出版行为能力。所谓出版权利能力，是指依法享有出版权利和承担出版义务的资格或能力。出版行为能力，是指以自己的行为独立行使出版权利和履行出版义务的能力。只有同时具备出版权利能力和出版行为能力，才能成为出版法律关系的主体，主要可以分为以下几类：出版单位；出版物印制单位；出版物发行单位；出版从业人员；作者；出版主管部门；受众。

（二）出版法律关系的内容

出版法律关系的内容是指出版法律关系的主体所享有的出版权利和承担的出版义务。

出版权利是指出版法所确认和保护的与出版活动相关的各种权利，一般包括出版自由、采访权、发表权、知情权、监督权、著作权、管理权等。

出版义务是指出版法所规定的出版法律关系的主体必须为或者不为一定行为的义务，可以分为法定义务和约定义务两种。法定义务包括依法出版的义务、保守国家秘密的义务、如实报道的义务等；约定义务一般是指合同约定的义务。

出版法律关系的主体，尤其是新闻出版从业人员，由其职业特点所决定，应当享有不同于一般公民的独特权利。我国目前尚没有制定专门法律规定新闻出版从业人员的权利和义务，只是在宪法中有原则性的规定。

（三）出版法律关系的客体

出版法律关系的客体，是指在新闻出版活动中，出版法律关系主体的权利和义务所共同指向的对象，包括出版行为和智力成果。

出版行为，包括出版物的出版、印刷或者复制、发行、进出口等行为。例如，某报社委托一个印制公司印刷报纸，双方签订了委托印刷合同。因此在报社和印制公司之间产生了委托印刷合同法律关系，在这一法律关系中，主体双方的权利和义务共同指向的对象是印刷行为，其客体即是印刷行为。

在出版法律关系中，智力成果一般是指出版物，包括图书、报纸、期刊、音像制品和电子出版物。

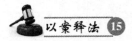
以案释法 15

出版方应承担一定的审查义务

原告汤某诉称：被告张某曾为其拍摄过人体摄影图片。依法律规定他人未经本人同意，不得以营利为目的使用这些图片。但汤某发现，由张某署名、吉林某出版社发行的《体魅力摄影》精装及简装两本图书中擅自使用了汤某的肖像，侵犯了汤某的合法权益。汤某诉至法院请求判令张某、吉林某出版社停止侵害；在《中国摄影家》杂志上刊登致歉声明以消除影响；连带赔偿汤某经济损失人民币50万元，赔偿实际损失3000元并承担本案诉讼费用。

被告张某辩称：汤某已将肖像权授予张某使用，未实施侵权行为；被告吉林某出版社辩称：我社出版图书合法，我社与张某签订出版合同前已审查张某与汤某之间的肖像使用协议，故不同意汤某的诉讼请求。

法院经审理判决：被告张某、吉林某出版社停止涉案侵权作品的销售；在判决生效后15日内在《中国摄影家》杂志上书面向原告汤某赔礼道歉，具体致歉内容须经法院核准。被告张某赔偿原告汤某人民币30万元，出版社承担连带赔偿责任。

释解

吉林某出版社辩称其出版图书合法，其与张某签订出版合同前已审查张某与汤某之间的肖像使用协议，而且出版合同中也注明甲方（张某）必须向乙方（吉林某出版社）保证确实拥有本作品的著作权，或依法取得了出版该作品的代理权，乙方可以放弃对该作品著作权合法性之审查。如有第三人足以证明该作品违反著作权法或其他法律、法规，由此导致任何形式的纠纷，甲方愿负全部责任，致乙方经济损失，甲方应予以足额赔偿。但是，出版社的答辩理由不能成立。因为吉林出版社未对摄影作品是否享有完整的权利尽审查之义务。依照《出版管理条例》第二十四条关于"出版单位实行编辑责任制度，保障出版物刊载的内容符合本条例的规定"，以及第二十五条第八项明确规定，任何出版物不得含有"侮辱或者诽谤他人，侵害他人合法权益的"的规定。出版社在出版前应当按照《出版管理条例》的规定对出版物进行严格的审查，以确定其著作权归属以及是否存在侵犯他人权利等法律明令禁止的情形，但是通过吉林某出版社与张某签订的图书出版合同，可以明确地看到出版社放弃了对作品著作权合法性之审查，也放弃了其对出版物是否侵害他人权益的审查。其不能够通过双方签订的图书出版合同来排除法律已经明确规定的审查义务，所以出版社仍旧负有审查出版物是否侵犯汤某肖像权的义务，而其未完全尽到应尽的审查义务，故应承担连带侵权责任。

第二节　出版单位的设立变更和注销

出版物和出版活动具有广泛的社会影响，因此，国家必然要对出版活动进行一定的管理和规制。出版管理主要包括三个方面：首先，出版行政管理，即由政府专设的出版行政管理部门对出版业和出版活动进行规划、协调、规范和监督；其次，行业自律，即行业性组织，制定行业章程和自律规范，对出版业及其从业人员进行自律；最后，法律管理，即由司法部门依据国家的出版法律法规解决相关的出版纠纷。

我国目前对出版业以政府的出版行政管理为主，以出版业的自律和法律管理为辅。

一、出版单位的设立条件

根据《出版管理条例》第十一条的规定，设立出版单位，应当具备下列条件：（1）有出版单位的名称、章程；（2）有符合国务院出版行政主管部门认定的主办单位及其主管机关；（3）有确定的业务范围；（4）有30万元以上的注册资本和固定的工作场所；（5）有适应业务范围需要的组织机构和符合国家规定的资格条件的编辑出版专业人员；（6）法律、行政法规规定的其他条件。

审批设立出版单位，除依照前款所列条件外，还应当符合国家关于出版单位总量、结构、布局的规划。

二、申请设立出版单位的程序

（一）申请

设立出版单位，由其主办单位向所在地省、自治区、直辖市人民政府出版行政主管部门提出申请；省、自治区、直辖市人民政府出版行政主管部门审核同意后，报国务院出版行政主管部门审批。设立的出版单位为事业单位的，还应当办理机构编制审批手续。

（二）递交申请书

设立出版单位的申请书应当载明下列事项：（1）出版单位的名称、地址；（2）出版单位的主办单位及其主管机关的名称、地址；（3）出版单位的法定代表人或者主要负责人的姓名、住址、资格证明文件；（4）出版单位的资金来源及数额。

设立报社、期刊社或者报纸编辑部、期刊编辑部的，申请书还应当载明报纸或者期刊的名称、刊期、开版或者开本、印刷场所。

申请书应当附具出版单位的章程和设立出版单位的主办单位及其主管机关的有关证明材料。

（三）受理

国务院出版行政主管部门应当自受理设立出版单位的申请之日起60日内，作出批准或者不批准的决定，并由省、自治区、直辖市人民政府出版行政主管部门书面通知主办单位；不批准的，应当说明理由。

（四）领取出版许可证

设立出版单位的主办单位应当自收到批准决定之日起60日内，向所在地省、自治区、直辖市人民政府出版行政主管部门登记，领取出版许可证。登记事项由国务院出版行政主管部门规定。

（五）领取营业执照

出版单位领取出版许可证后，属于事业单位法人的，持出版许可证向事业单位登记管理机关登记，依法领取事业单位法人证书；属于企业法人的，持出版许可证向工商行政管理部门登记，依法领取营业执照。

三、出版单位的变更和注销

（一）出版单位的变更

出版单位变更名称、主办单位或者其主管机关、业务范围、资本结构，合并或者分立，设立分支机构，出版新的报纸、期刊，或者报纸、期刊变更名称的，应当依照条例的规定办理审批手续。出版单位属于事业单位法人的，还应当持批准文件到事业单位登记管理机关办理相应的登记手续；属于企业法人的，还应当持批准文件到工商行政管理部门办理相应的登记手续。

其他事项的变更，应当经主办单位及其主管机关审查同意，向所在地省、自治区、直辖市人民政府出版行政主管部门申请变更登记，并报国务院出版行政主管部门备案。出版单位属于事业单位法人的，还应当持批准文件到事业单位登记管理机关办理变更登记；属于企业法人的，还应当持批准文件到工商行政管理部门办理变更登记。

（二）出版单位的中止

出版单位中止出版活动的，应当向所在地省、自治区、直辖市人民政府出版行政主管部门备案并说明理由和期限；出版单位中止出版活动不得超过180日。

（三）出版单位的注销

出版单位终止出版活动的，由主办单位提出申请并经主管机关同意后，由主办单位向所在地省、自治区、直辖市人民政府出版行政主管部门办理注销登记，并报国务院出版行政主管部门备案。出版单位属于事业单位法人的，还应当持批准文件到事业单位登记管理机关办理注销登记；属于企业法人的，还应当持批准文件到工商行政管理部门办理注销登记。

图书出版社、音像出版社和电子出版物出版社自登记之日起满180日未从事出版活动的，报社、期刊社自登记之日起满90日未出版报纸、期刊的，由原登记的出版行政主管部门注销登记，并报国务院出版行政主管部门备案。

因不可抗力或者其他正当理由发生前款所列情形的，出版单位可以向原登记的出版行政主管部门申请延期。

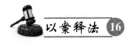

非法转让刊号导致合同无效

2004年4月，被告广西某出版社取得《金色》期刊出版许可证。次年3月，广西壮族自治区新闻出版局同意《金色》杂志刊期由月刊变更为半月刊。2007年8月18日，杂版社与甲公司签订关于合办《金色》杂志下半月刊的协议书。协议书主要内容为：出版社与甲公司合办《金色》杂志下半月刊，办刊经费、场地、人员、日常编辑和经营活动由公司负责；公司依法经营，自负盈亏，所获得和承担的债权债务与出版社无关；合作期限为五年半，自2007年7月至2010年12月30日；公司2007年向出版社交纳管理费4万元，2008年、2009年每年向出版社交纳管理费8万元等。协议书签订后，出版社提供了期刊刊号用于《金色》杂志下半月刊的出版与发行。2008年12月10日，公司向出版社交纳服务费4万元。

2009年5月8日，广西壮族自治区新闻出版局向《金色》出版社发出整改通知书，指出《金色》杂志存在一号多刊的现象，违反了《出版管理条例》和《期刊出版管理规定》；2009年7月，出版社向广西壮族自治区新闻出版局申请取消下半月刊，同年8月13日广西壮族自治区新闻出版局同意《金色》期刊自2009年9月起由半月刊变更为月刊，此后公司与出版社双方终止合作办刊。至2009年3月25日，甲公司确认尚欠出版社管理费16万元。2010年11月22日，公司以出版社存在重大过错、一号多刊造成协议无效为由向一审法院起诉，要求出版社赔偿经济损失36万元。

法院经过审理后判决：公司与出版社签订的协议书无效，驳回甲公司的诉讼请求。

甲公司和出版社签订协议书，通过约定，出版社提供期刊刊号给公司用于《金色》杂志下半月刊的出版与发行，从中收取管理费，而办刊经费、场地、人员、日常编辑和经营活动由公司负责，公司自负盈亏，所获得和承担的债权债务与出版社无关。

出版社通过协议书的约定将《金色》杂志下半月刊的编辑和经营权让渡给公司，这违反了《出版管理条例》第九条关于"报纸、期刊、图书、音像制品和电子出版物等应当由出版单位出版"的规定。依据《出版管理条例》第二十一条关于"出版单位不得向任何单位或者个人出售或者以其他形式转让本单位的名称、书号、刊号或者版号、版面，并不得出租本单位的名称、刊号。"的规定。参照新闻出版广电总局《关于严格禁止买卖书号、刊号、版号等问题的若干规定》关于严格出版单位买卖书号、刊号、版号的规定。凡是以管理费、书号费、刊号费、版号费或其他名义收取费用，出让国家出版行政部门赋予的权利，给外单位或个人提供书号、刊号、版号和办理有关手续，放弃编辑、校对、印刷、复制、发行等任何一个环节的职责，使其以出版单位的名义牟利，均按买卖书号、刊号、版号查处的规定，而本案的当事人所签订的协议书内容违反了上述禁止性规定，法院判决认定协议书为无效合同，是符合法律规定的。

第三节　出版活动的管理

一、出版审批许可制

出版单位从事出版活动，必须严格按照《出版管理条例》的规定，向出版行政部门提出申请，经批准后，图书出版社需要取得《图书出版许可证》，报社需要取得《报纸出版许可证》，期刊社须取得《期刊出版许可证》，方可开办相关业务。

二、年度选题计划审批和备案制

年度选题计划是指出版单位准备在下一年度安排出版的选题规划。年度选题计划审批和备案制，是指出版单位在规定的期间内，将年度选题计划报经所在地省级新闻出版主管部门审核后，报新闻出版广电总局备案。

三、重大选题备案制

图书出版社、音像出版社和电子出版物出版社的年度出版计划及涉及国家安全、社会安定等方面的重大选题，应当经所在地省、自治区、直辖市人民政府出版行政主管部门审核后报国务院出版行政主管部门备案；涉及重大选题，未在出版前报案的出版物，不得出版。

期刊社的重大选题，应当依照前款规定办理备案手续。

重大选题，是指涉及国家安全、社会安定等方面的内容，对国家的政治、军事、安全、外交、宗教、民族等敏感问题会产生较大影响的选题和其他需要宏观调控的选题。重大选题未经备案或申报后未得到备案答复的，一律不得出版发行。

（一）重大选题的范围

重大选题的范围包括：具体包括：（1）有关党和国家的重要文件、文献选题；（2）有关党和国家曾任和现任主要领导人的著作、文章以及有关其生活和工作情况的选题；（3）涉及党和国家秘密的选题；（4）集中介绍政府机构设置和党政领导干部情况的选题；（5）涉及民族问题和宗教问题的选题；（6）涉及我国国防建设及我军各个历史时期的战役、战斗、工作、生活和重要人物的选题；（7）涉及"文化大革命"的选题；（8）涉及中共党史上的重大历史事件和重要历史人物的选题；（9）涉及国民党上层人物和其他上层统战对象的选题；（10）涉及前苏联、东欧以及其他兄弟党和国家重大事件和主要领导人的选题；（11）涉及中国国界的各类地图选题；（12）涉及香港特别行政区和澳门、台湾地区图书的选题；（13）大型古籍白话今译的选题（指500万字以及500万字以上的项目）；（14）引进版动画读物的选题；（15）以单位名称、通讯地址等为内容的各类"名录"的选题；

（二）重大选题备案的程序

出版单位向新闻出版署申报重大选题备案时，应当填写备案登记表并提交下列材料：（1）备案申请报告；（2）选题、书稿、文章、图片或者样片、样带；（3）出版单位的上级主管部门或所在地党委宣传部门的审核意见。备案材料不齐备时，不予受理。

这里所称出版单位的上级主管部门，是指：（1）中央各部门的出版社，其主管部门是中共中央和国务院各部委、各民主党派和人民团体；（2）解放军系统的出版单位，其主管部门是解放军总政治部宣传部；（3）属地方的出版单位，其主管部门是所在地省级新闻出版局或音像出版行政管理部门。

另外，为了加强对重大选题出版的宏观管理，自1999年4月起，实行重大选题月报制。各省、自治区、直辖市新闻出版局、在京出版单位的主管部门，每月10日前须列表将下一个月拟安排的重大选题，报送国家新闻出版广电总局，并同时抄送中宣部出版局。

（三）对违规行为的处罚

出版单位违反上述规定，未经备案而出版属于重大选题范围内的出版物的，一经发现，无论内容有无问题，一律先停止发行，并由出版行政部门向出版单位及其主管部门出具《违规出版通知单》，待查实问题后进行相应的行政处罚。连续三次收到《违规出版通知单》或情节严重的出版单位，责令限期停业整顿或者由原发证部门吊销许可证。

四、专项选题报批制

专项选题报批，是指该选题除列入年度选题计划备案外，还需要向出版行政部门单独报批，获准后才能出版。根据相关规定，出版法规汇编、人体美术、性知识、性科学等方面的图书均向所在地省级出版行政部门提出专项申请。出版引进版图书也须将选题向出版行政部门专项报批，选题获批准后，还应将有关出版合同报版权行政部门审核、登记。此外，如果出版单位对有些选题或稿件内容感到难以把握，认为须请示出版行政部门的，也要履行专项报批手续。

五、保密审查制

保密审查制，是指出版物含有涉及国家秘密的内容，须按照规定报送出版行政主管部门批准后方能出版的制度。根据《保守国家秘密法》《新闻出版保密规定》《关于防止在出版物中泄露国家秘密的通知》等规定，新闻出版保密审查实行自审与送审相结合的制度，即出版单位对拟公开出版、报道的信息，应当按照有关保密的规定进行自审，提出需审核确定是否是秘密的事项和问题，然后再报送出版行政主管部门批准。出版行政主管部门如把握不准，应及时报有关主管部门审定。

在出版物中（包括内部发行的出版物）严禁载有下列内容：（1）国家事务重大决策中的秘密事项；（2）国防建设和武装力量活动中的秘密事项；（3）外交和外事活动中的秘密事项以及对外承担保密义务的事项；（4）国民经济和社会发展中的秘密事项；（5）科学技术中的秘密事项；（6）维护国家安全活动和追查刑事犯罪中的秘密事项；（7）其他经国家保密工作部门确定应当保守的国家秘密事项。

出版物中涉及下列内容的，要严格执行送审报批制度：国家事务的重大决策，党的文献和档案，国防建设和武装力量情况，国家外交政策和对外宣传工作，国民经济和社会发展中的统计资料和数据，尖端科技、科技成果及资料，测绘和地图，国家安全活动和追查刑事犯罪活动，其他各部门各行业中不宜公开的重大事项以及出版单位把握不准是否属于秘密的问题。

六、对名称、书号、刊号、版号、版面的管理

（一）对出版单位名称的管理

出版单位的名称，相当于自然人的姓名，是指出版单位在设立时，得以区别于他人的字号。出版单位对自己的名称享有排他性的专有使用权，并且只能自己使用，不得向任何单位或者个人出售或者以其他形式转让、出租本单位的名称。

（二）对书号、刊号、版号和版面的管理

我国对书号和版号的使用实行总量控制原则。出版单位应该在每一年度的11月份向国家新闻出版广电总局上报下一年度的选题计划，国家新闻出版广电总局审查选题计划后，向出版单位发放一定数量的书号、版号。如果因为计划变动，现有的书号、版号不能满足需要时，出版单位可以再次上报新的选题计划，经审查决定是

否发放新的书号、版号。

我国对书号、刊号、版号实行"一书一号""一刊一号""一版一号"制度，即一本图书只能使用一个书号、一种期刊只能使用一个刊号、一个音像制品只能使用一个版号。出版单位不得向任何单位或者个人出售或者以其他形式转让本单位的书号、刊号或者版号、版面，并不得出租本单位的刊号。具体规定有：

1. 严禁出版单位买卖书号、刊号、版号

新闻出版署《关于严格禁止买卖书号、刊号、版号等问题的若干规定》指出："凡是以管理费、书号费、刊号费、版号费或其他名义收取费用，出让国家出版行政部门赋予的权力，给外单位或个人提供书号、刊号、版号和办理有关手续，放弃编辑、校对、印刷、复制、发行等任何一个环节的职责，使其以出版单位的名义牟利，均按买卖书号、刊号、版号查处。"

2. 禁止"一号多用"

新闻出版署《关于禁止中国标准书号"一号多用"的通知》规定，每一种不同形式的图书应分别使用书号，同一种图书的不同装帧形式、同一种图书的不同版本、相同内容的不同开本图书、相同内容的不同文字类别的图书，都应该单独使用书号。多卷本丛、套书的书号使用，应根据该书的定价方式确定。

3. 禁止"以书代刊"

对下列"以书代刊"的行为必须禁止：（1）以书号出刊；（2）以出版丛书的名义变相出刊；（3）出卖书号给予他人出刊。

七、出版物样本送交制

出版单位发行其出版物前，应当按照《出版管理条例》的规定，向国家图书馆、中国版本图书馆和国务院出版行政部门免费送交出版物样本。

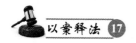 以案释法 17

新闻单位发布不当报道承担侵权责任

原告张某创作完成了30集长篇连续剧《末代倾城》剧本。2003年该剧本被拍摄成电视连续剧，获得观众和艺术界普遍好评。被告王某是从事溥仪研究的人员，著有《淑妃文绣》等书。电视剧《末代倾城》播出后，王某以该剧部分内容失实为由向出品方发难，并上书广电总局要求停播该剧。徒劳无功后，王某在某新闻报纸上公然指责原告张某创作系抄袭他的作品，该言论在"新浪网"等国内大型网站转载、传播，使社会公众，特别是影视界、投资商对原告张某的职业道德、艺术品质等产生负面评价，致使原告张某与案外人辽宁某公司签订电视剧剧本的"著作权使用许可合同"解除，直接造成原告张某的经济损失和可得利益的丧失。原告认为，王某和新闻媒体的行为已经严重侵犯了其名誉权，故起诉至法院。

王某认为，其对《末代倾城》的批评意见主要是涉及民族利益、国家利益和历史人物名誉等重大历史改编的"五大硬伤"，至于在新闻媒体上公然指责张某创作系抄袭，并非其直接实施。且张某编写《末代倾城》剧本，确实是在未经其同意、授权的情况下，参考并使用了其相关著作，内含抄袭情节。因此，王某认为其并未侵犯张某的名誉权，请求法院依法驳回原告的诉讼请求。

被告新闻报社认为，新闻报道是在对王某提供的素材的真实性进行审查后，依据其提供的新闻素材，作了新闻报道，报道的内容与王某的陈述内容完全相同，并未作任何形式的夸大其词，因此不存在侵犯张某的名誉权。追加新闻报社为第二被告显属错告，且新闻报社的行为与张某所受经济损失之间也不存在直接的因果关系，张某要求新闻报社赔偿经济损失，没有法律根据。

经法院审理后判决：责令新闻报社立即停止侵害张某名誉权的行为；自判决生效之日起十日内，新闻报社在报纸上刊登向张某的道歉声明。赔偿张某精神损失人民币1万元；赔偿张某因维权活动造成的经济损失和支付的合理费用计人民币1万元。

 释解

该新闻报社以大字标题发表的《叹！史学家心血愤！名编剧剽窃》一文及其所加的其他醒目标题，按照一般公众的阅读习惯和直观理解，足以误导公众认为《末代倾城》一剧的作者剽窃他人作品，其中有对作者张某表示愤慨和谴责之意。该新闻报社发表的上述报道文章标题，把未决争议描述为剽窃，显系严重失实，诋毁损害了张某的名誉，造成其精神痛苦，并对其创作活动和社会活动产生一定影响。本案证据证明，上述报道文章标题为报社撰写，文章作者署名为该报记者周某。因此，新闻报社应依法承担侵权责任。

第四节　违反出版法的法律责任

违反出版法的法律责任，是指出版主管部门及其工作人员、出版单位、出版物印制单位、出版发行单位及其当事人违反法律、法规的规定而应承担的不利法律后果，包括民事法律责任、行政法律责任和刑事法律责任三种。

一、民事法律责任

出版主管部门及其工作人员、出版单位、出版物印制单位、出版发行单位及其他当事人违反民事法律规定的义务，应当承担相应的民事法律责任。在实践中经常发生的、与出版相关的民事纠纷主要有：名誉权纠纷、著作权纠纷、出版物质量纠纷、稿酬纠纷等。承担民事责任的方式包括：停止侵害、消除影响、恢复名誉、赔礼道歉、赔偿损失、支付违约金等。

二、行政法律责任

出版主管部门及其工作人员、出版单位、出版物印制单位、出版发行单位及其他当事人违反行政法律规范的，应当承担相应的行政法律责任。违反行政法律规范的行为主要有：

（一）违反出版管理规定的行为

违反出版管理规定的行为，包括：（1）利用职务上的便利收受他人财物或者其他好处，批准不符合法定设立条件的出版、印刷或者复制、进口、发行单位，或者不履行监督职责，或者发现违法行为不予查处的；（2）出版单位出售或者以其他形式转让本出版单位的名称、书号、刊号、版号、版面，或者报纸、期刊改变名称、刊期，以及出版单位变更其他事项，未依照规定到出版行政部门办理审批、变更登记手续的；（3）出版单位未将其年度出版计划和涉及国家安全、社会安定等方面的重大选题备案的；（4）出版单位未依照规定送交出版物的样本的；（5）印刷或者复制单位未依照规定留存备查的材料的；（6）出版物进口经营单位未依照规定将其进口的出版物目录备案的；（7）未经批准，举办境外出版物展览的。

（二）违法从事出版活动的行为

违法从事出版活动的行为，包括：（1）未经批准，擅自设立出版物的出版、印刷或者复制、进口、发行单位，或者擅自从事出版物的出版、印刷或者复制、进口、发行业务，假冒出版单位名称或者伪造、假冒报纸、期刊名称出版出版物的；（2）走私出版物的；（3）印刷或者复制单位未取得印刷或者复制出版物的；（4）印刷或者复制单位接受非出版单位和个人的委托印刷或者复制出版物的；（5）印刷或者复制单位未履行法定手续印刷或者复制境外出版物的，印刷或者复制的境外出版物没有全部运输出境的；（6）印刷或者复制单位、发行单位或者个人发行未署出版单位名称的出版物的；（7）出版、印刷、发行单位出版、印刷、发行未经依法审定的中学小学教科书，或者未依照《出版管理条例》规定确定的单位从事中学小学教科书的出版、印刷、发行业务的。

（三）出版物内容违法的行为

出版物内容违法的行为，包括：（1）出版、进口含有禁止内容的出版物的；（2）明知或者应知出版物含有禁止内容而印刷或者复制、发行的；（3）明知或者应知他人出版含有禁止内容的出版物而向其出售或者以其他形式转让本出版单位的名称、书号、刊号、版号、版面，或者出租本单位的名称、刊号的；（4）印刷或者复制、批发、零售、出租、散发含有禁止内容的出版物或者其他非法出版物的；（5）进口、印刷或者复制、发行国务院出版行政部门禁止进口的出版物的；（6）印刷或者复制走私的境外出版物的；（7）发行、进口出版物未从规定的出版物进口经营单位进货的。

（四）其他违反出版法的行为。

对违反行政法律规范的行为，出版主管部门应当根据各自的权限，依法对行为人进行处罚。行为人应承担的行政法律责任包括：

行政处分。包括降级或者撤职。

行政处罚。包括警告、没收、罚款、限期停业整顿、吊销许可证以及营业执照。

三、刑事法律责任

出版主管部门及其工作人员、出版单位、出版物印制单位、出版发行单位及其他当事人违反刑事法律规范的，应当追究其刑事法律责任。我国刑法规定的涉及出版的罪名主要有：受贿罪，滥用职权罪，玩忽职守罪，非法经营罪，侵犯著作权罪，走私罪，制作贩卖传播淫秽物品罪等。行为人承担刑事法律责任的方式有管制、拘役、有期徒刑、无期徒刑，可以并处罚金、剥夺政治权利、没收财产。

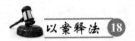 以案释法 18

对违禁出版物依法查封扣押

2008年3月10日，被告郑州市某区新闻出版管理局执法人员在原告李某正在经营的书店现场检查时，发现该店未办理《出版物经营许可证》。被告根据《出版管理条例》第七条和《出版管理行政处罚实施办法》的相关规定，向原告出具查封、扣押物品通知书，扣押原告图书676本。同日，被告予以立案。2008年6月27日，被告向原告作出行政处罚事先告知书，告知原告因未经批准擅自从事出版物的发行活动，违反了《出版管理条例》的规定，被告拟对原告给予没收676本图书的行政处罚。

原告认为被告自立案之日起2个月内未向其作出任何书面的行政处罚决定书，违反了《出版管理行政处罚实施办法》相关的规定。被告并没有证据证明原告的书是违禁或非法出版物，而适用《出版管理行政处罚实施办法》中关于违禁或非法出版物的规定将其认定为非法出版物，予以查封扣押。原告请求法院撤销被告2008年3月10日作出的图书暂扣行政强制措施。

法院经审理后判决：驳回原告李某的诉讼请求。

 释解

新闻出版广电总局颁布的《出版物市场管理规定》中，将所谓的发行界定为，包括批发、零售以及出租、展销等活动。国家实行出版物发行许可制度，未经许可，任何单位和个人不得从事出版物发行活动。

　　本案中，原告李某在未取得《出版物经营许可证》的情况下，擅自从事出版经营活动，已违反上述法律规定。国务院颁布的《出版管理条例》第七条规定："出版行政主管部门根据已经取得的违法嫌疑证据或者举报，对涉嫌违法从事出版物出版、印刷或者复制、进口、发行等活动的行为进行查处时，可以检查与涉嫌违法活动有关的物品和经营场所；对有证据证明是与违法活动有关的物品，可以查封或者扣押。"新闻出版广电总局颁布的《出版管理行政处罚实施办法》第十七条的规定，新闻出版行政机关在执法检查中，发现正在印刷、复制、批发、零售、出租违禁出版物或者非法出版物，情况紧急来不及立案的，执法人员可以对违禁出版物或者非法出版物、专用于违法行为的工具、设备依法查封或扣押。被告对原告的图书所采取的扣押强制措施，符合上述法律规定，且已于同日审批立案，其作出的扣押违法经营图书的行政强制措施认定事实清楚、证据确凿、程序合法，依法应予维持。综上所述，原告的起诉理由不能成立。

第七章

音像制品管理

音像制品作为出版物的一种,与图书、报纸、期刊、电子出版物等存在一定的共同之处,但由于其在制作、复制等方面的特殊性,国家需要单独制定一些特殊规定对与音像制品相关的活动进行管理,从而保证音像市场的健康发展。

我国目前有关音像制品的规范性文件主要有:《出版管理条例》《音像制品管理条例》《音像制品出版管理规定》。

第一节 音像制品单位的管理

一、音像制作单位的设立、变更和注销

音像制作单位是指除音像出版单位以外,申请独立从事音像制品制作业务的音像经营单位。

音像制作单位只能在核准的经营范围内从事音像制品制作业务,不得出版、复制、批发、零售、出租音像制品。

（一）音像制作单位的设立

申请设立音像出版单位,由所在地省、自治区、直辖市人民政府出版行政主管部门审核同意后,报国务院出版行政主管部门审批。国务院出版行政主管部门应当自受理申请之日起60日内作出批准或者不批准的决定,并通知申请人。批准的,发给《音像制品出版许可证》,由申请人持《音像制品出版许可证》到工商行政管理部门登记,依法领取营业执照;不批准的,应当说明理由。

（二）音像制作单位的变更和注销

音像制作单位变更名称、业务范围，或者兼并其他音像制作单位，或者因合并、分立而设立新的音像制作单位的，应当依照《音像制品管理条例》的规定办理审批手续，并到原登记的工商行政管理部门办理相应的登记手续。

音像制作单位变更地址、法定代表人或者主要负责人，或者终止制作经营活动的，应当到原登记的工商行政管理部门办理变更登记或者注销登记，并向省、自治区、直辖市人民政府出版行政部门备案。

二、音像出版单位的设立、变更和注销

音像出版单位，是指经依法核准登记，在其经营范围内从事音像制品的出版业务的音像经营单位。

（一）音像出版单位的设立条件和程序

1.音像出版单位的设立条件

设立音像出版单位，应当具备下列条件：（1）有音像出版单位的名称、章程；（2）有符合国务院出版行政主管部门认定的主办单位及其主管部门；（3）有确定的业务范围；（4）有适应业务范围需要的组织机构和符合国家规定的资格条件的音像出版专业人员；（5）有适应业务范围需要的资金、设备和工作场所；（6）法律、行政法规规定的其他条件。

2.音像出版单位的设立程序

申请设立音像出版单位，由所在地省、自治区、直辖市人民政府出版行政主管部门审核同意后，报国务院出版行政主管部门审批。国务院出版行政主管部门应当自受理申请之日起60日内作出批准或者不批准的决定，并通知申请人。批准的，发给《音像制品出版许可证》，由申请人持《音像制品出版许可证》到工商行政管理部门登记，依法领取营业执照；不批准的，应当说明理由。

申请书应当载明下列内容：（1）音像出版单位的名称、地址；（2）音像出版单位的主办单位及其主管机关的名称、地址；（3）音像出版单位的法定代表人或者主要负责人的姓名、住址、资格证明文件；（4）音像出版单位的资金来源和数额。

（二）音像出版单位的变更和注销

音像出版单位变更名称、主办单位或者其主管机关、业务范围，或者兼并其他音像出版单位，或者因合并、分立而设立新的音像出版单位的，应当依照《音像制品管理条例》的规定办理审批手续，并到原登记的工商行政管理部门办理相应的登记手续。

音像出版单位变更地址、法定代表人或者主要负责人，或者终止出版经营活动的，应当到原登记的工商行政管理部门办理变更登记或者注销登记，并向国务院出版行政主管部门备案。

侵犯录音录像制作者权应承担民事法律责任

2007年5月28日，原告广州某演艺经纪有限公司（甲方）与张某（乙方）签订《音乐作品许可使用合同》。合同约定：乙方以（独占方式）专有许可甲方使用乙方创作的音乐作品《不爱就放手》，甲方获得著作权法所确定著作权人可以许可他人行使的全部权利及作品的修改权。并约定任何一方发现他人有侵犯作品的著作权行为时，均应及时通知对方，在此情况下，由甲方以自己的名义，追究侵权人的责任，并独自承担费用和获得赔偿。

2009年3月3日，该公司代理人在公证人员的陪同下，在位于广州市某商场购买了6盒音像制品。其中一盒为《悲伤情歌女人心》，该专辑正面显示有"悲伤情歌女人心"字样，背面显示，某文化艺术音像出版社的相关版权信息，其中第一张光盘上第六首歌曲为《不爱就放手》。另外，该公司还提供了其自制的涉案歌曲的MV，用以证明其享有录音录像制作者权。

公司向法院起诉，请求判定被告某文化艺术音像出版社、某音像制品有限公司停止侵权、销毁库存侵权产品、赔偿经济损失及合理费用。

法院经过审理后判决：立即停止销售收录歌曲《不爱就放手》的侵权音像制品《悲伤情歌女人心》专辑，并销毁库存的该音像制品。判定文化艺术音像出版社自判决发生法律效力之日起立即停止出版、发行收录歌曲《不爱就放手》的侵权音像制品《悲伤情歌女人心》专辑，并销毁库存的该音像制品。判定音像制品有限公司在判决发生法律效力之日起10内一次性赔偿演艺经纪有限公司经济损失（包含合理费用）人民币1000元；文化艺术音像出版社于判决发生法律效力之日起10日内共同一次性赔偿演艺经纪有限公司经济损失（包含合理费用）人民币10000元。驳回原告的其他诉讼请求。

本案的焦点是文化艺术音像出版社、音像制品有限公司是否侵害了演艺经纪有限公司对涉案歌曲《不爱就放手》的录音录像制作者权？

涉案音像制品《悲伤情歌女人心》专辑收录的歌曲《不爱就放手》与演艺经纪有限公司享有录音录像制作者权的音乐作品《不爱就放手》词、曲、演唱者一致，经当庭播放与被控专辑内的歌曲，人耳无法听出差异，亦无当事人对词、曲、音源是否一致的问题申请鉴定。故原审法院认定音像制品《悲伤情歌女人心》收录的歌曲《不爱就放手》与演艺经纪有限公司享有录音录像制作者权的音乐作品《不爱就放手》词、曲、音源是一致的。因此涉案音像制品《悲伤情歌女人心》收录歌曲《不爱就放手》的行为侵犯了演艺经纪有限公司所享有《不爱就放手》歌曲的录音录像制作者权。

关于音像制品有限公司是否存在侵权的问题。音像制品有限公司销售了涉案音像制品《悲伤情歌女人心》，在未能提供其商品中涉案作品录音录像制作者权来源的情况下，法院认定音像制品有限公司的销售行为侵害了演艺经纪有限公司对涉案作品享有的录音录像制作者权，其应承担相应的侵权责任。该公司主张其销售涉案音像制品具有合法来源，其作为零售商已经尽到审查义务，为此公司提供了《专柜合同》等为证。但该《专柜合同》并未列明具体销售的货物清单，公司也未提供相应的出货单证明涉案的音像制品《悲伤情歌女人心》专辑的来源。因此，该《专柜合同》不能作为主张涉案光盘具有合法来源的依据。

关于文化艺术音像出版社是否存在侵权的问题，基于音像制品《悲伤情歌女人心》的外包装及碟片上有该文化艺术音像出版社的字样，显示出版编码为"ISRC CN-D05-06-551-00/A.J6"，根据该标注，被控侵权音像制品上标注的版号形式上属于该出版社的。出版社认为该编码是伪造的编码，但其既未提供新闻出版局出具的证明其在当年没有使用上述编码的证据，也未提供相同编码的作品等证据对此予以推翻，故该意见不足以认定被控侵权光盘的编码系伪造的。故对于演艺经纪有限公司指控文化艺术音像出版社出版发行被控侵权音像制品的主张，予以支持。文化艺术音像出版社的出版发行行为侵害了演艺经纪有限公司对涉案作品所享有的词、曲著作权项下的发行权。

综上，未经演艺经纪有限公司许可，音像制品有限公司和文化艺术音像出版社，侵害了其录音录像制作者权。故音像制品有限公司、文化艺术音像出版社应分别停止销售、出版发行被控侵权音像制品《悲伤情歌女人心》专辑，并销毁库存和赔偿经济损失及合理费用。

第二节　音像制品的复制、发行

一、音像复制单位的设立、变更和注销

音像制品的复制，是指用母带（或母盘）翻制出若干个内容与母带（或母盘）一模一样的子带（或子盘）的活动。音像复制单位，是指经依法核准登记，从事音像制品复制业务的音像经营单位。

（一）音像复制单位的设立

1.设立音像复制单位应当具备下列条件：

设立音像复制单位应当具备下列条件：（1）有音像复制单位的名称、章程；（2）有确定的业务范围；（3）有适应业务范围需要的组织机构和人员；（4）有适应业务范围需要的资金、设备和复制场所；（5）法律、行政法规规定的其他条件。

2.设立音像复制单位的程序

申请从事音像制品复制业务，由所在地省、自治区、直辖市人民政府出版行政主管部门审批。省、自治区、直辖市人民政府出版行政主管部门应当自受理申请之日起20日内作出批准或者不批准的决定，并通知申请人。批准的，发给《复制经营许可证》；不批准的，应当说明理由。

（二）音像复制单位的变更和注销

音像复制单位变更业务范围，或者兼并其他音像复制单位，或者因合并、分立而设立新的音像复制单位的，应当依照《音像制品管理条例》的规定办理审批手续。

音像复制单位变更名称、地址、法定代表人或者主要负责人，或者终止复制经营活动的，应当向所在地省、自治区、直辖市人民政府出版行政主管部门备案。

（三）对音像复制活动的管理

（1）签订复制委托合同。音像复制单位接受委托复制音像制品的，应当按照国家有关规定，与委托的出版单位订立复制委托合同。

（2）查验相关证件。验证委托的出版单位的《音像制品出版许可证》、营业执照副本、盖章的音像制品复制委托书以及出版单位取得的授权书；接受委托复制的音像制品属于非卖品的，应当验证委托单位的身份证明和委托单位出具的音像制品非卖品复制委托书。音像复制单位不得接受非音像出版单位或者个人的委托复制经营性的音像制品；不得自行复制音像制品；不得批发、零售音像制品。

（3）保存相关文件。音像复制单位应当自完成音像制品复制之日起2年内，保存委托合同和所复制的音像制品的样本以及验证的有关证明文件的副本，以备查验。

从事光盘复制的音像复制单位复制光盘，必须使用蚀刻有国务院出版行政主管部门核发的激光数码储存片来源识别码的注塑模具。

（4）境外委托报批。音像复制单位接受委托复制境外音像制品的，应当经省、自治区、直辖市人民政府出版行政主管部门批准，并持著作权人的授权书依法到著作权行政管理部门登记；复制的音像制品应当全部运输出境，不得在境内发行。

二、音像发行单位的设立、变更和注销

根据《音像制品管理条例》的规定，音像制品的发行包括批发、零售、出租、展销等活动。音像发行单位包括音像批发单位、音像零售单位和音像出租单位。

（一）音像制品批发、零售单位的设立

1.设立条件

申请从事音像制品批发、零售业务，应当具备下列条件：（1）有音像制品批发、零售单位的名称、章程；（2）有确定的业务范围；（3）有适应业务范围需要的组织机构和人员；（4）有适应业务范围需要的资金和场所；（5）法律、行政法规规定的其他条件。

2.设立程序

申请从事音像制品批发业务，应当报所在地省、自治区、直辖市人民政府出版行政主管部门审批。申请从事音像制品零售业务，应当报县级地方人民政府出版行政主管部门审批。出版行政主管部门应当自受理申请书之日起30日内作出批准或者不批准的决定，并通知申请人。批准的，应当发给《出版物经营许可证》；不批准的，应当说明理由。

《出版物经营许可证》应当注明音像制品经营活动的种类。

（二）音像制品批发、零售单位的变更和注销

音像制品批发、零售单位变更名称、业务范围，或者兼并其他音像制品批发、零售单位，或者因合并、分立而设立新的音像制品批发、零售单位的，应当依照《音像制品管理条例》的规定办理审批手续。

音像制品批发、零售单位变更地址、法定代表人或者主要负责人或者终止经营活动，从事音像制品零售经营活动的个体工商户变更业务范围、地址或者终止经营活动的，应当向原批准的出版行政主管部门备案。

三、音像发行活动的管理

（一）不得经营的音像制品

1.有《出版管理条例》禁止内容的违禁出版物

出版、制作、复制、进口、批发、零售、出租音像制品，应当遵守宪法和有关法律、法规，坚持为人民服务和为社会主义服务的方向，传播有益于经济发展和社会进步的思想、道德、科学技术和文化知识。音像制品禁止载有下列内容：（1）反对宪法确定的基本原则的；（2）危害国家统一、主权和领土完整的；（3）泄露国家秘密、危害国家安全或者损害国家荣誉和利益的；（4）煽动民族仇恨、民族歧视，破坏民族团结，或者侵害民族风俗、习惯的；（5）宣扬邪教、迷信的；（6）扰乱社会秩序，破坏社会稳定的；（7）宣扬淫秽、赌博、暴力或者教唆犯罪的；（8）侮辱或者诽谤他人，侵害他人合法权益的；（9）危害社会公德或者民族优秀文化传统的；（10）有法律、行政法规和国家规定禁止的其他内容的。

2.各种非法出版物，

非法出版物包括：（1）未经批准擅自出版、印刷或者复制的出版物，伪造、假

冒出版单位或者报刊名称出版的出版物，非法进口的出版物；（2）侵犯他人著作权或者专有出版权的出版物；（3）新闻出版行政部门明令禁止出版、印刷或者复制、发行的出版物。

音像出版单位不得超出出版许可证确定的业务范围从事音像制品的出版活动。

（二）音像业务管理

1. 音像制品版号

音像出版单位应当按照国家标准及其他有关规定标识、使用《中国标准音像制品编码》（以下简称版号）。版号由国家新闻出版广电总局负责管理和调控，由省、自治区、直辖市人民政府出版行政部门发放。

2. 责任编辑制度

音像出版单位实行编辑责任制度，保障音像制品刊载的内容合法。

3. 年度备案制度

音像出版单位实行年度出版计划备案制度，出版计划的内容应包括选题名称、制作单位、主创人员、类别、载体、内容提要、节目长度、计划出版时间。出版计划报送的程序为：（1）本年度上一年的12月20日以前报送本年度出版计划；本年度3月1日—20日、9月1日—20日报送本年度出版调整计划；（2）出版计划及出版调整计划，须经所在地省、自治区、直辖市人民政府出版行政部门审核；（3）省、自治区、直辖市人民政府出版行政部门应当自受理出版计划报送申请之日起20日内，向音像出版单位回复审核意见，并报国家新闻出版广电总局备案。

4. 重大选题

音像出版单位出版涉及国家安全、社会安定等方面的重大选题，应当依照重大选题备案的有关规定报国家新闻出版广电总局备案。未经备案的重大选题，不得出版。

5. 样本

图书出版社、报社、期刊社、电子出版物出版社，出版配合本版出版物的音像制品，须向所在地省、自治区、直辖市人民政府出版行政部门提交申请书和样本。

出版配合本版出版物的音像制品申请书，须写明本版出版物的名称、制作单位；主创人员、主要内容、出版时间、节目长度；复制数量和载体形式等内容。

出版单位所在地省、自治区、直辖市人民政府出版行政部门，应当自受理申请之日起20日内对其申请书和样本进行审核。审核同意的，配发版号，发放复制委托书，并报国家新闻出版广电总局备案；审核不同意的，应当说明理由。

6. 音像出版相关禁止性规定

音像出版单位不得向任何单位或者个人出租、出借、出售或者以其他任何形式转让本单位的名称，不得向任何单位或者个人出售或者以其他形式出售或转让本单位版号。

任何单位和个人不得以购买、租用、借用、擅自使用音像出版单位的名称或者以购买、伪造版号等形式从事音像制品出版活动。

四、音像制品的进口

（一）成品进口许可制度

根据《音像制品管理条例》和《音像制品进口管理办法》的规定，国家对设立音像制品成品进口单位实行许可制度。

音像制品成品进口业务由国务院出版行政主管部门批准的音像制品成品进口经营单位经营；未经批准，任何单位或者个人不得经营音像制品成品进口业务。

（二）内容审查制度

国进口用于出版的音像制品，以及进口用于批发、零售、出租等的音像制品成品，应当报国务院出版行政主管部门进行内容审查。

国务院出版行政主管部门应当自收到音像制品内容审查申请书之日起30日内作出批准或者不批准的决定，并通知申请人。批准的，发给批准文件；不批准的，应当说明理由。进口用于出版的音像制品的单位、音像制品成品进口经营单位应当持国务院出版行政主管部门的批准文件到海关办理进口手续。

（1）进口音像制品成品。进口用于展览、展示的音像制品，经国务院出版行政主管部门批准后，到海关办理临时进口手续。依照规定进口的音像制品，不得进行经营性复制、批发、零售、出租和放映。

（2）进口用于出版的音像制品。进口用于出版的音像制品，其著作权事项应当向国务院著作权行政管理部门登记。

（3）进口用于展览、展示的音像制品。进口供研究、教学参考的音像制品，应当委托音像制品成品进口经营单位依照《音像制品管理条例》的相关规定办理。

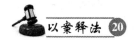
以案释法 20

销售盗版侵权音像制品承担行政法律责任

2013年5月5日，某音像制品店开业，企业性质是个体工商户，经营范围为国产音像制品零售，袁某为负责人。据群众举报，该音像店销售盗版音像制品。2014年7月31日，市文化市场综合执法大队检查发现，该音像店经营盗版音像制品，现场查获包括《无极》《千里走单骑》《疯狂的石头》《七剑》《这个杀手不太冷》等涉嫌盗版音像制品110张（盒）。

经调查证实，袁某明知是侵权盗版音像制品而进行销售，扰乱了文化市场正常秩序，侵犯了著作权人合法权益，违反了《音像制品管理条例》的规定，属于行政违法行为，应当承担相应的法律责任。文化行政部门依法责令其停止违法行为，没收其非法音像制品，并吊销其《音像制品经营许可证》。

该案是销售盗版侵权音像制品的典型案件。我国知识产权保护力度不断加大，涉及知识产权保护的法律依据有《中华人民共和国刑法》《最高人民法院、最高人民检察院关于办理侵犯知识产权刑事案件具体应用法律若干问题的解释》《音像制品管理条例》等，初步形成了一套完整保护知识产权的法律体系。

根据《音像制品管理条例》第四十五条的规定，批发、零售、出租、放映非音像出版单位出版的音像制品或者非音像复制单位复制的音像制品的；由出版行政主管部门责令停止违法行为，给予警告，没收违法经营的音像制品和违法所得；违法经营额1万元以上的，并处违法经营额5倍以上10倍以下的罚款；违法经营额不足1万元的，可以处5万元以下的罚款；情节严重的，并责令停业整顿或者由原发证机关吊销许可证。

第三节　法律责任

一、刑事责任

（一）监管人员受贿罪、滥用职权罪、玩忽职守罪或者其他罪

出版行政主管部门或者其他有关行政部门及其工作人员，利用职务上的便利收受他人财物或者其他好处，批准不符合法定设立条件的音像制品出版、制作、复制、进口、批发、零售单位，或者不履行监督职责，或者发现违法行为不予查处，造成严重后果的，对负有责任的主管人员和其他直接责任人员依法给予降级直至开除的处分；构成犯罪的，依照刑法关于受贿罪、滥用职权罪、玩忽职守罪或者其他罪的规定，依法追究刑事责任。

（二）非法经营罪

未经批准，擅自设立音像制品出版、制作、复制、进口、批发、零售单位，擅自从事音像制品出版、制作、复制业务或者进口、批发、零售经营活动的，情节严重的，依照刑法关于非法经营罪的规定，依法追究刑事责任。

（三）危害国家安全罪

出版含有《音像制品管理条例》禁止内容的音像制品，或者制作、复制、批发、零售、出租、放映明知或者应知含有危害国家统一、主权和领土完整等禁止内容的

音像制品的，依照刑法有关规定，依法追究刑事责任。

（四）走私罪

走私音像制品的，情节严重的，依照刑法关于走私罪的规定，依法追究刑事责任。

二、行政责任

有下列行为之一的，由出版行政主管部门责令停止违法行为，给予警告，没收违法经营的音像制品和违法所得；罚款；情节严重的，并责令停业整顿或者由原发证机关吊销许可证：（1）音像出版单位向其他单位、个人出租、出借、出售或者以其他任何形式转让本单位的名称，出售或者以其他形式转让本单位的版号的；（2）音像出版单位委托未取得《音像制品制作许可证》的单位制作音像制品，或者委托未取得《复制经营许可证》的单位复制音像制品的；（3）音像出版单位出版未经国务院出版行政主管部门批准擅自进口的音像制品的；（4）音像制作单位、音像复制单位未依照《音像制品管理条例》的规定验证音像出版单位的委托书、有关证明的；（5）音像复制单位擅自复制他人的音像制品，或者接受非音像出版单位、个人的委托复制经营性的音像制品，或者自行复制音像制品的。

有下列行为之一的，由出版行政主管部门责令改正，给予警告；情节严重的，并责令停业整顿或者由原发证机关吊销许可证：（1）音像出版单位未将其年度出版计划和涉及国家安全、社会安定等方面的重大选题报国务院出版行政主管部门备案的；（2）音像制品出版、制作、复制、批发、零售单位变更名称、地址、法定代表人或者主要负责人、业务范围等，未依照《音像制品管理条例》规定办理审批、备案手续的；（3）音像出版单位未在其出版的音像制品及其包装的明显位置标明《音像制品管理条例》规定的内容的；（4）音像出版单位未依照《音像制品管理条例》的规定送交样本的；（5）音像复制单位未依照《音像制品管理条例》的规定留存备查的材料的；（6）从事光盘复制的音像复制单位复制光盘，使用未蚀刻国务院出版行政主管部门核发的激光数码储存片来源识别码的注塑模具的。

有下列行为之一的，由出版行政主管部门责令停止违法行为，给予警告，没收违法经营的音像制品和违法所得；罚款；情节严重的，并责令停业整顿或者由原发证机关吊销许可证：（1）批发、零售、出租、放映非音像出版单位出版的音像制品或者非音像复制单位复制的音像制品的；（2）批发、零售、出租或者放映未经国务院出版行政主管部门批准进口的音像制品的；（3）批发、零售、出租、放映供研究、教学参考或者用于展览、展示的进口音像制品的。

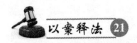

侵犯音像制品复制权、发行权应承担法律责任

原告公司诉称：依据版权人的授权，公司享有《手机》VCD 在中国大陆地区的专有发行权，取得了国家版权局颁发的登记号为2004—H—01674的《著作权登记证书》。在公司发行上述音像制品期间，发现钟某在其经营场所大量公开销售前述音像制品的盗版制品，公司立即依法申请公证机关到钟某经营现场进行了证据保全，并由公证机关将现场购买的盗版制品依法封存。原告公司认为，钟某在从事音像制品零售业务过程中，违反《音像制品管理条例》的有关规定，以营利为目的销售前述音像制品的盗版制品，侵犯了原告公司依法享有的专有发行权。现公司为维护自身的合法权益不受侵犯，特向法院提起对钟某的诉讼，请求法院对钟某的侵权行为追究法律责任。

法院经审理后判决：被告钟某自判决生效之日起立即停止销售非法出版、非法复制的《手机》音像制品；在判决生效之日起十日内赔偿原告公司人民币5000元；驳回原告公司其他诉讼请求。

法院认定钟某销售的音像制品《手机》属于非法出版物。钟某的行为，违反了《音像制品管理条例》关于音像制品批发单位和从事音像制品零售、出租等业务的单位和个人，不得经营非音像出版单位出版的音像制品或者非音像制品复制单位复制的音像制品，不得经营未经国务院文化行政部门批准进口的音像制品，不得经营侵犯他人著作权的音像制品的禁止性规定，属于违反《音像制品管理条例》的违法行为，侵害了原告公司对《手机》的专有发行权，根据法律规定，被告应对原告公司承担停止侵害、赔偿损失的民事责任。

第八章

电影管理

导 读

近年来，随着电影管理体制改革的不断深入以及电影市场向非公有资本的逐步开放，特比是加入世界贸易组织以来，我国切实履行入世承诺，对外开放步伐逐渐加快，市场竞争加剧，中国电影正面临着前所未有的机遇和挑战。电影作为一个不断创造出巨额利润的繁荣产业和影响广泛的大众传媒，深刻的影响着我们的经济生活和社会生活。进行必要的管理，则是其健康发展的前提。

第一节　电影法规与管理概况

一、电影法律规范概述

目前，现行有效的有关电影的综合性行政法规有《电影管理条例》，内容涉及电影的制片、内容审查、发行放映、对外交流、事业保障等多个环节，是在对之前国务院于1996年颁布实施的《电影管理条例》的重大修订。新条例根据电影业改革要求进一步完善了电影业的管理措施，针对入世承诺补充完善了关于电影业的对外开放的规定，补充完善了有关促进和保障电影业发展方面的规定，并加大了违法行为的处罚力度。

随着社会主义法治建设的发展，我国有关电影管理的法律规范体系初步形成，对有关电影的制作、审查、发行、放映、进出口、版权等相关方面也均有明确规定。虽然还没有专门的电影法出台，但并非无法可依。特别是自2002年2月1日起开始施行的《电影管理条例》以及近年来频繁出台的相关政策规章，为促进电影业的发展发挥了重要的作用。

二、以行政许可为主的管理方式

我国电影的管理手段主要以行政许可为主。《电影管理条例》规定，国家对电影摄制、进口、出口、发行、放映和电影片公映实行许可制度。未经许可，任何单位和个人不得从事电影片的摄制、进口、发行、放映活动，不得进口、出口、发行、放映未取得许可证的电影片。这是电影业实行行政许可制度的主要法律依据。

电影领域实行的许可制度与一般从事物质生产部门的许可制度有着很大区别，也严于大众传播媒介中的平面媒介。该许可制度的特殊性在于其为"环节式"许可。该"环节式"许可制度体现为电影摄制、发行、放映以及进出口等各个环节的顺利进行都需要取得该环节相应的行政许可，取得某一环节的许可并不意味着可以推及下一环节。具体来说：

（1）在市场准入阶段，设立电影摄制、发行、放映机构都需经审批，审批通过分别取得《摄制电影许可证》或《摄制电影片许可证（单片）》《电影发行经营许可证》《电影放映经营许可证》后，方可分别开展相应业务。

（2）在产品准入阶段，持有《摄制电影许可证》或《摄制电影片许可证（单片）》的单位摄制电影片，拍摄前需将电影剧本（梗概）报广电总局立项。如内容属"重大革命历史题材"或重大理论文献纪录电影片，在题材申报前，还需经其他有关部门的审查批准。摄制完成的电影片须报相应的电影审查机构审查，审查通过后，由广电总局核发《电影公映许可证》，方可由取得《电影发行经营许可证》《电影放映经营许可证》的单位进行发行、放映。

由此可见，在电影领域并不是在某一环节获得某一项准入许可后，就可以畅通无阻地从事其他相关环节的。一个电影从拍摄到发行，每一个环节都需要获得许可，最后才能顺利发行公映。

第二节　电影制作许可制度

电影制作许可主要包括电影摄制主体设立许可和从事电影摄制业务的其他相关许可。其中电影摄制主体设立许可包括电影制片单位、电影制片公司（内资）、中外合营电影制片公司设立许可，从事电影摄制业务的其他许可包括非电影制片单位的电影摄制许可和中外合作摄制电影许可等许可事项。

一、电影摄制主体设立许可

（一）电影制片单位设立

在电影制片行业准入限制放开以前，对业外资本设立电影制片公司进行规定的《电影制作、发行、放映经营资格准入暂行规定》以及《电影企业经介资格准入析行规定》还未颁布，电影制片单位仅指国有电影制片单位。《电影管理条例》对此类电影制片单位的设立进行了明确规定，这里仅介绍这些规定，而其他电影制片公司如中外合营电影制片公司将另行介绍。

在《电影管理条例》中，对电影制片单位的设立条件进行了明确规定：（1）有电影制片单位的名称、章程，这是作为法人的电影制片单位设立必不可少的条件；（2）有符合国务院广播电影电视行政部门认定的主办单位及其主管部门，这是《电影管理条例》在原条例规定的条件中新增加的限制条款，用意在于将电影制片单位限定在国有企业范围内；（3）要有确定的业务范围；（4）要有适应业务范围需要的组织机构和专业人员以及有适应业务范围需要的资金、场所和设备；（5）要符合法律、行政法规规定的其他条件。同时规定，审批设立电影制片单位，除依照上述条件外，还应当符合国务院广播电影电视行政部门制定的电影制片单位总量、布局和结构的规划。

国务院广播电影电视行政部门的审批时限为自收到设立电影制片单位的申请书之日起90日内。作出批准决定的，由国务院广播电影电视行政部门发给《摄制电影许可证》，申请人持《摄制电影许可证》到国务院工商行政管理部门办理登记手续，依法领取营业执照；不批准的，告知理由。

（二）电影制片公司设立

随着电影产业改革的不断深化，电影市场逐步开放，对电影制作准入的限制也随之放开，国家鼓励国有电影制片单位之外的国有、民营资本参与电影制片公司的设立。2004年10月，《电影企业经营资格准入暂行规定》详细规定了电影制片公司的设立条件以及程序。2005年8月，国务院颁布《关于非公有资本进入文化产业的若干决定》规定，在国有资本控股51%以下的情况下，鼓励和支持非公有资本进入电影制作发行领域。

《电影企业经营资格准入暂行规定》第五条明确规定，国家允许境内公司、企业和其他经济组织（不包括外商投资企业）设立电影制片公司。申请设立电影制片公司，由境内公司、企业和其他经济组织向国家新闻出版广电总局提出申请。

该规定区分了两种情况：

其一，已取得《摄制电影许可证》的境内公司、企业和其他经济组织（不包括外商投资企业）联合设立电影制片公司的，申报条件是公司注册资本不少于100万元人民币；要求提交的申报材料包括申请书、合同、章程、工商行政管理部门颁发的各方营业执照复印件、公司名称预核准通知书。

其二，已取得《摄制电影片许可证（单片）》的境内公司、企业和其他经济组织（不包括外商投资企业）单独或联合设立电影制片公司的，申报条件不仅包括注册资本不少于100万元人民币，还要求已经以《摄制电影片许可证（单片）》的形式投资拍摄了两部以上电影片；要求提交的申报材料有申请书、工商行政管理部门颁发的营业执照（联合设立电影制片公司的，还要提供合同、章程、工商行政管理部门颁发的各方营业执照复印件）、公司名称预核准通知书以及投资摄制两部电影片的《摄制电影片许可证（单片）》《电影片公映许可证》等相关材料。

符合以上条件的，国家新闻出版广电总局在20个工作日内颁发《摄制电影许可证》。申报单位持国家新闻出版广电总局出具的批准文件到所在地工商行政管理部门办理相关手续，并报国家新闻出版广电总局备案；不批准的，将书面回复理由。

（三）中外合资、合作电影制片公司设立

我国对外商投资电影制片公司的有关政策经历了从禁止到限制的发展变化过程。长时期以来，外商对中国影视制作机构的投资是受法规禁止的。历次《外商投资产业指导目录》都把电影制片列为禁止外商投资产业。甚至在我国入世以后，于2002年3月发布的经修改的《外商投资产业目录》，仍然在"禁止外商投资产业目录"里列有电影制片。这种情况一直到中共十六大以后才开始改变。2003年12月起施行的《电影制作、发行、放映经营资格准入暂行规定》中第一次在公开的法律文件中允许外资参股与境内现有国有电影制片单位合资成立电影制片公司。随后于2004年1月和2月由广电总局发布的《关于加快电影产业发展的若干意见》以及《关于促进广播影视产业发展的意见》中，明确允许境外制片机构同境内国有电影制片单位合资组建由中方控股的影片制作公司。2004年修订后的《外商投资产业指导目录》中，便将原先禁止外商投资的电影制作变更为限制外商投资产业类，即保证中方控股地位。

2004年10月，广电总局和商务部共同颁布的《电影企业经营资格准入暂行规定》明确规定，允许境内公司、企业和其他经济组织与境外公司、企业和其他经济组织合资、合作设立电影制片公司。申报条件包括：（1）中方已取得《摄制电影许可证》或已取得两个《摄制电影片许可证（单片）》；（2）合营公司注册资本不少于500万元人民币；外资在注册资本中的比例不得超过49%。申请程序为，先由中方向国家新闻出版广电总局提交项目申请书、可行性研究报告、合同、章程、合营各方注册登记证明（或身份证明）、资信证明、公司名称预核准通知书等。国家新闻出版广电总局依法予以审核。经审核合格的，出具核准文件并颁发《摄制电影许可证》。取得《摄制电影许可证》后，再由中方持国家新闻出版广电总局出具的核准文件及前述向国家新闻出版广电总局提交的相同申报文件，再报商务部审批。商务部依法批准的，颁发《外商投资企业批准证书》；不予批准的，将书面回复理由。最后申报单位持国家新闻出版广电总局、商务部的批准文件，到所在地工商行政管理部门办理相关手续。

电影制作行业的对外开放的势头到了2005年8月开始放缓，由文化部、国家新

闻出版广电总局、新闻出版总署、发改委、商务部五部委联合下发的《关于文化领域引进外资的若干意见》，则将电影制作公司重新列为禁止外商投资的行业。这意味着电影制作业对外开放的大门再次关闭。

二、其他有关电影摄制许可

（一）非电影制片单位电影摄制的单片许可

1998年广电总局电影局开始试行对原有的制片管理制度进行调整，允许民营等非国有机构在取得电影摄制单片许可证后开展电影制作业务。这一制度后被写入了新修订的《电影管理条例》。《电影管理条例》第十六条规定，电影制片单位以外的单位独立从事电影摄制业务，须报经国务院广播电影电视行政部门批准，并持批准文件到工商行政管理部门办理相应的登记手续。2002年广电总局实施《关于取得〈单片证〉资格认证制度的实施细则（试行）》，对单片申报作出规定：凡我国境内（不含港、澳、台）地（市）级以上电影单位和电视台、电视剧制作单位，以及在地（市）级以上工商部门注册的各类文化影视法人单位（不含外资企业）从事摄制电影业务（不含中外合作摄制电影业务），均可向国家新闻出版广电总局申请领取《单片证》。

《电影企业经营资格准入暂行规定》对《摄制电影片许可证（单片）》的取得申报条件及程序则有更具体的规定：在申报条件上规定，地（市）级以上工商行政管理部门注册的各类影视文化单位，均有资格申领《摄制电影许可证（单片）》，因此未取得《摄制电影许可证》的境内公司、企业和其他经济组织（不包括外商投资企业），首次拍摄电影片时须设立影视文化公司，由影视文化公司申请领取《摄制电影片许可证（单片）》。申报时须提交的材料包括：申请书、工商行政管理部门颁发的营业执照复印件、制作影片的资金来源证明、拟摄制影片的文学剧本（故事梗概）以及编剧允许公司使用其作品的授权书。

审批部门国家新闻出版广电总局将在20个工作日内对申报的摄制资格及电影文学剧本（故事梗概）进行审查。审查合格的，发给《摄制电影片许可证（单片）》。申报单位持国家新闻出版广电总局出具的批准文件到所在地工商行政管理部门办理相关手续；不批准的，书面回复理由。

申请单位取得的《摄制电影片许可证（单片）》，享有影片一次性出品权。出品人可独立出品，也可与其他制片单位（含影视文化单位）联合出品；《摄制电影片许可证（单片）》实行一片一报制度，即每拍一部影片须按规定的报审程序重新申报。

（二）中外合作摄制电影许可

中外合作摄制电影，是指符合法定条件的我国境内电影制片者与境外电影制片者以合作的方式共同摄制电影的活动。合作方式包括三种主要形式：（1）联合摄制，即由中外双方共同投资（含资金、劳务或实物）、共同摄制、共同分享利益及共同承担风险的摄制形式；（2）协作摄制，即外方出资，在中国境内拍摄，中方有偿提供设备、器材、场地、劳务等予以协助的摄制形式；（3）委托摄制，即外方委托中方在中国境内代为摄制的摄制形式。

我国对中外合作摄制电影实行许可制度。未取得《中外合作摄制电影片许可证》或其他批准文件的境内外组织或个人是不得在中国境内合作摄制电影片的。

《电影管理条例》规定，国家广播电影电视总局负责中外合作摄制电影的管理工作。具体负责中外合作摄制电影活动的行政主管部门是国家新闻出版广电总局下属的电影事业管理局。

申请中外合作摄制电影片的条件是，中方制片单位（含在境内批准注册的中外合资电影制片公司）必须持有《摄制电影许可证》或《摄制电影片许可证（单片）》；同时中外合作双方均不在因违反《电影管理条例》而停止摄制电影片的处罚期内。报送材料包括：中方制片单位的摄制立项申请；中方制片单位的《摄制电影许可证》或《摄制电影片许可证（单片）》及营业执照复印件；电影文学剧本（规范汉字）一式三份；外方的资信证明和合拍影片情况；中外双方合作意向书或协议书，主要内容应明确合作各方投资比例、中外主创人员比例、底样片冲洗及后期制作地点、是否参加国内外电影节（展）等；主创人员简介。

中外合作摄制电影的立项申请程序为：首先由中方制片单位向国家新闻出版广电总局提出申请；然后由国家新闻出版广电总局按照行政许可法的规定期限受理申请单位提出的书面申请；如果决定受理的，国家新闻出版广电总局将在20个工作日内作出批准或不批准立项的决定，符合联合摄制条件的，发给有效期两年的一次性《中外合作摄制电影片许可证》；符合协作摄制、委托摄制条件的，发给批准文件。不批准的，将书面说明理由。

港、澳、台地区的电影制片者在境内合作摄制电影同样适用2004年《中外合作摄制电影片管理规定》。但内地与香港、澳门合拍的电影还有特殊的优惠政策。在2003年签署的《内地与香港关于建立更紧密经贸关系的安排》附件四《关于开放服务贸易领域的具体承诺》中规定，香港与内地合拍的影片视为国产影片在内地发行。不过同时要求香港与内地合拍的影片，必须满足内地主要演员比列不得少于主要演员总数的1/3，以及故事情节或主要人物应与内地有关。内地与澳门合拍的电影也同样如此。

（三）进出境洗印、后期制作许可

电影洗印、后期制作是电影生产不可或缺的重要环节。对进出境洗印、后期加工进行有效管理和控制，有利于防止规避电影审查、电影走私进口的产生。对进出境洗印、后期制作设立许可制度，正是基于这个考虑。

进出境洗印、后期制作具体来说主要分为两种情况：一是在中国境内摄制的国产电影片（含中外合拍片）底片、样片在中国境外进行洗印、后期制作；二是在中国境外摄制的电影底片、样片和电影片拷贝在中国境内进行洗印加工等制作。我国对电影进出境洗印、后期制作也实行审批许可制度。国家广播电影电视总局依法负责电影片进出境洗印、后期制作的管理工作。未经其批准，影片摄制单位是不能擅自到境外进行国产电影片的洗印、后期制作的，而电影洗印单位也不能擅自承接洗印加工境外电影片。

在《电影管理条例》有关进出境洗印、后期制作规定的基础上，《电影片进出境洗印、后期制作审批管理办法》进行了更详细的规定。

1. 申请到境外进行国产电影片的洗印、后期制作

申请应当具备的条件包括：（1）申请单位具有《摄制电影许可证》或《摄制电影片许可证（单片）》，且所申请影片已立项；（2）因特殊技术要求确需在境外完成洗印、后期制作。

申请应提交的材料包括：（1）在境外洗印、后期制作的申请报告；（2）《摄制电影许可证》或《摄制电影片许可证（单片）》，以及影片立项批复复印件；（3）属特殊技术要求的影片内容、技术标准、影片长度。

2. 电影洗印单位承接洗印加工境外电影片

该申请首先要求承接的境外电影片内容不得违反《电影管理条例》及国家相关法律、法规的规定。应提交的申报材料包括：（1）承接单位洗印加工境外电影片申请报告；（2）承接单位《营业执照》复印件；（3）境外委托人与承接单位的合作意向书；（4）拟洗印加工的境外电影片的内容。

两种情况共同的审批程序为：首先由申请到境外洗印、后期制作的影片摄制单位和承接境外影片洗印加工的电影洗印单位向国家新闻出版广电总局提交书面申请；然后由国家新闻出版广电总局按照《行政许可法》规定的期限受理申请单位提出的书面申请；决定受理的，应在20个工作日内作出批准或不批准的决定，批准的发给批准文件，不批准的应说明理由并书面通知申请人。

根据2003年广电总局颁布的《关于加强内地与香港电影业合作、管理的实施细则》的规定，对于内地与香港合作摄制的电影底片、样片的冲印及后期制作，可不受特殊技术要求限制，在香港完成。

第三节　电影发行、放映许可制度

一、电影发行许可制度

从事电影发行业务需获得电影行政部门的发行许可，取得《电影发行经营许可证》。

我国现行法规政策鼓励非国有资本在电影发行领域的发展，对发行领域外资则完全禁止。2004年修订后的《外商投资产业指导目录》中，便将电影发行公司列入禁止外商投资产业目录。

2004年颁布的《电影企业经营资格准入暂行规定》在条文中明确鼓励境内公司、企业和其他经济组织（不包括外商投资企业）设立专营国产影片发行公司。按照该规定，只要受电影作品单位委托代表发行过两部电影片或受电视剧出品单位委托发行过两部电视剧，且注册资本不少于50万元人民币的，就可提交有关材料申请设立国产影片发行公司，并可以根据自己的业务范围选择向国家新闻出版广电总局申请成立全国专营国产影片的发行公司，或向当地省级电影行政管理部门申请设立本省（地、市）专营国产影片的发行公司。

目前，我国只是放开国产影片的发行市场，对进口影片的发行还没有放开。

二、电影放映许可制度

（一）电影放映主题设立许可

我国对电影放映实行许可制度，未经许可取得电影行政部门核发的《电影放映经营许可证》，任何单位和个人是不得从事电影放映活动的。

根据《电影管理条例》的规定，设立电影放映单位应当具备的基本条件包括：（1）要有电影放映单位的名称、章程；（2）有确定的业务范围；（3）有适应业务范围需要的组织机构和专业人员；（4）有适应业务范围需要的资金、场所和设备；（5）法律、行政法规规定的其他条件。

这些条件与一般企业法人的设立并无太大区别。

该条例还规定了《电影放映经营许可证》的具体的申报程序，首先由申请人向所在地县或者设区的市人民政府电影行政部门提出申请，受理单位将在收到申请书之日起60日内作出批准或者不批准的决定，并通知申请人。批准通过的发给《电影放映经营许可证》，申请人持《电影放映经营许可证》再到所在地工商行政管理部门登记，依法领取营业执照。

（二）影院的投资改建

我国过去电影放映单位主要是按照行政区划设置在全国各地的国有电影院。而在整个文化体制改革推进和电影业逐步开放的大背景下，电影院的投资建设、改造也逐渐向境内外的投资市场不同程度地开放。

2000年，广电总局、外经贸部、文化部联合制定的《外商投资电影院暂行规定》颁布实施，该规定对外商投资建设、改造电影院的设立条件、程序等其他有关事宜作了较为全面细致的规定。明确规定，不允许外商独资设立电影院；中外合资电影院，合营中方在注册资本中的投资比例不得低于51%；中外合作电影院，合营中方应拥有经营主导权。

国家新闻出版广电总局相继颁布的《电影制片、发行、放映经营资格准入暂行规定》《关于进一步推进电影院线公司机制改革的意见》以及《电影企业经营资格准入暂行规定》均对院线中电影院的新建、改造的投入进行规定：以参股形式投资现有院线公司的，参股单位须在3年内投资不少于3000万元人民币，用于本院线中电影院的新建、改造；以控股形式投资现有院线公司的，控股单位须在3年内投资不少于4000万元人民币，用于本院线中电影院的新建、改造；单独组建省内或全国电影院线公司的，组建单位须在3年内投资不少于5000万元人民币，用于本院线中电影院的新建、改造。这些规定，也明确鼓励境内公司、企业和其他经济组织及个人投资建设、改造电影院，鼓励在境内资本取得控股地位前提下的中外合资合作。同时明确规定，不允许外资组建电影院线公司。这是因为院线公司既从事发行业务也从事放映业务，而根据我国2015年修订后的《外商投资产业指导目录》中，电影发行公司仍属于禁止外商投资产业目录类别。因此外商只能投资电影院建设而不能投资组建院线公司。

第四节　电影内容审查制度

电影内容审查制度是指由具有相关权限的机构对电影内容进行审查，并对合格的影片许可上映的一项制度。该制度旨在防止有害内容的公开传播，引导电影的创作发展。

一、剧本（梗概）立项、备案

（一）剧本梗概备案程序

根据《电影剧本（梗概）备案、电影片管理规定》的规定，持有《摄制电影许可证》的电影制片单位和其他影视文化单位摄制电影片，应在拍摄前将电影剧本（梗概）送国家新闻出版广电总局或相应的实行属地审查的省级广电部门备案。

现行电影剧本（梗概）备案的程序，首先由制片单位向国家新闻出版广电总局或实行属地审查的省级广电部门提出备案；国家新闻出版广电总局或实行属地审查的省级广电部门按照行政许可法规定的期限，发给《电影剧本（梗概）备案回执单》。如在20个工作日内没有提出意见的，制片单位即可按备案的电影剧本（梗概）进行拍摄；如广电部门对备案的电影剧本（梗概）有修改意见或不同意拍摄的，也将在20个工作日内书面通知制片单位；电影剧本还需另请相关主管部门和专家评审的，需延长20个工作日，也将书面告知制片单位。国家新闻出版广电总局将会定期在相关媒体公布电影剧本（梗概）备案情况。

（二）特殊的剧本立项程序

1. 重大革命和重大历史题材电影

重大革命和重大历史题材电影主要是指反映我党、我国、我军历史上重大事件，描写担任党和国家重要职务的党政军领导人及其亲属生平业绩，以历史正剧形式表现中国历史发展进程中重要历史事件、历史人物的电影。

对有关重大革命和重大历史题材电影剧本立项进行详细规定的现行法规，是国家新闻出版广电总局颁布的《关于调整重大革命和历史题材电影、电视剧立项及完成片审查办法的通知》。而负责我国重大革命和历史题材影视剧创作的剧本立项把关工作的，是重大革命和历史题材影视创作领导小组（以下简称领导小组）。该领导小组在中宣部的指导下，由国家新闻出版广电总局具体开展工作。领导小组下设电影组，电影组办公室设在国家新闻出版广电总局电影局。

重大革命和历史题材电影剧本在经领导小组审查通过后，将由国家新闻出版广电总局行文批复申报单位。经批准立项的重大革命和历史题材电影，自剧本批准投拍之日起，一年内既未开拍又未报告的，视为自动取消立项；两年内既未完成也未报告的，视为自动取消。

2. 重大文献纪录影片

重大文献纪录影片主要是指宣传反映党和国家重大历史事件以及党和国家领导人生平业绩的电影纪录片。此类影片也因其特殊内容与上述重大革命和重大历史题材一样，执行有别于一般题材影片不同的剧本立项审查制度。

对有关重大文献纪录影片剧本立项进行详细规定的现行法规是国家新闻出版广电总局颁布的《关于制作播出理论、文献电视专题片的暂行规定的实施办法》。此实施办法是根据中宣部、国家新闻出版广电总局《关于制作播出理论、文献电视专题片的暂行规定》而制定的。负责文献纪录影片创作播出审定工作的是国家广播电影电视总局成立的"理论、文献电视专题片（含电影纪录片）创作领导小组"。

根据规定，此类文献纪录影片只能由中央和国家机关各部门以及中央电视台组织制作。在制作文献电影纪录片之前，需要将制片计划（包括片名、主题、集数、每集主要内容等）报国家广播电影电视总局审批，待审批同意后方可拍摄。

二、完成片审查制度

摄制完成的电影片，能够得以发行、放映、进口、出口的前提是经国务院广播电影电视行政部门的电影审查机构审查通过，获发《电影片公映许可证》。

（一）审查体制

电影审查实行的是统一审查与属地审查相结合的审查制度。根据《电影管理条例》以及《电影剧本（梗概）备案、电影片管理规定》规定，国家新闻出版广电总局电影审查委员会和电影复审委员会负责电影片的审查，同时也规定，省级广播影视行政部门，经申请可以受国家新闻出版广电总局委托，成立电影审查机构，负责本行政区域内持有《摄制电影许可证》的制片单位摄制的部分电影片的审查工作。

《电影管理条例》第二十四条明确规定，未经国务院广播电影电视行政部门的电影审查机构审查通过的电影片，不得发行、放映、进口、出口。电影片依法取得国务院广播电影电视行政部门发给的《电影片公映许可证》后，方可发行、放映。《电影剧本（梗概）备案、电影片管理规定》也有类似规定。

（二）审查标准

审查标准分为禁止标准和删剪修改标准两项。禁止标准是对电影内容提出的最低要求，即前述的包括国家利益、公共利益、民族宗教、社会秩序、社会公德等各个方面内容的"禁载十条"。凡电影片的主旨、主题和主要内容违反禁止规定，则整部影片都要被禁止；如果影片仅有个别情节、画面、台词、背景音乐、音响效果等含有上述禁载内容，则需作出相应的删剪。

《电影剧本（梗概）备案、电影片管理规定》第十四条还规定了电影片应删剪修改的下列内容：

第一，曲解中华文明和中国历史，严重违背历史史实；曲解他国历史，不尊重他国文明和风俗习惯；贬损革命领袖、英雄人物、重要历史人物形象；篡改中外名著及名著中重要人物形象的。

第二，恶意贬损人民军队、武装警察、公安和司法形象的。

第三，夹杂淫秽色情和庸俗低级内容，展现淫乱、强奸、卖淫、嫖娼、性行为、性变态等情节及男女性器官等其他隐秘部位；夹杂肮脏低俗的台词、歌曲、背景音乐及声音效果等。

第四，夹杂凶杀、暴力、恐怖内容，颠倒真假、善恶、美丑的价值取向，混淆正义与非正义的基本性质；刻意表现违法犯罪嚣张气焰，具体展示犯罪行为细节，暴露特殊侦查手段；有强烈刺激性的凶杀、血腥、暴力、吸毒、赌博等情节；有虐待俘虏、刑讯逼供罪犯或犯罪嫌疑人等情节；有过度惊吓恐怖的画面、台词、背景音乐及声音效果。

第五，宣扬消极、颓废的人生观、世界观和价值观，刻意渲染、夸大民族愚昧落后或社会阴暗面的。

第六，鼓吹宗教极端主义，挑起各宗教、教派之间，信教与不信教群众之间的矛盾和冲突，伤害群众感情的。

第七，宣扬破坏生态环境，虐待动物，捕杀、食用国家保护类动物的。

第八，过分表现酗酒、吸烟及其他陋习的。

第九，违背相关法律、法规精神的。

第五节　法律责任

一、主要违法行为的刑事责任

（一）行政主管部门及其工作人员有受贿、滥用职权、玩忽职守等行为

国务院广播电影电视行政部门和县级以上地方人民政府电影行政部门或者其他有关部门及其工作人员，利用职务上的便利收受他人财物或者其他好处，批准不符合法定设立条件的电影片的制片、发行和放映单位，或者不履行监督职责，或者发现违法行为不予查处，造成严重后果的，对负有责任的主管人员和其他直接责任人员依照刑法关于受贿罪、滥用职权罪、玩忽职守罪或者其他罪的规定，依法追究刑事责任；尚不够刑事处罚的，给予降级或者撤职的行政处分。

（二）擅自设立电影片的制片、发行、放映单位，或者擅自从事电影制片、进口、发行、放映活动

擅自设立电影片的制片、发行、放映单位，或者擅自从事电影制片、进口、发行、放映活动的，由工商行政管理部门予以取缔；依照刑法关于非法经营罪的规定，依法追究刑事责任；尚不够刑事处罚的，没收违法经营的电影片和违法所得以及进行违法经营活动的专用工具、设备；违法所得5万元以上的，并处违法所得5倍以上10倍以下的罚款；没有违法所得或者违法所得不足5万元的，并处20万元以上50万元以下的罚款。

（三）摄制违法内容

摄制含有《电影管理条例》禁止内容的电影片，或者洗印加工、进口、发行、放映明知或者应知含有禁止内容的电影片的，依照刑法有关规定，依法追究刑事责任；尚不够刑事处罚的，由电影行政部门责令停业整顿，没收违法经营的电影片和违法所得；违法所得5万元以上的，并处违法所得5倍以上10倍以下的罚款；没有违法所得或者违法所得不足5万元的，并处20万元以上50万元以下的罚款；情节严重的，并由原发证机关吊销许可证。

（四）走私影片

走私电影片，依照刑法关于走私罪的规定，依法追究刑事责任；尚不够刑事处罚的，由海关依法给予行政处罚。

二、主要违法行为的行政责任

（一）出口、发行、放映未取得《电影片公映许可证》的电影片

出口、发行、放映未取得《电影片公映许可证》的电影片的，由电影行政部门责令停止违法行为，没收违法经营的电影片和违法所得；违法所得5万元以上的，并处违法所得10倍以上15倍以下的罚款；没有违法所得或者违法所得不足5万元的，

并处20万元以上50万元以下的罚款；情节严重的，并责令停业整顿或者由原发证机关吊销许可证。

（二）违反电影管理规定规定擅自对外交流合作

有下列行为之一的，由电影行政部门责令停止违法行为，没收违法经营的电影片和违法所得；违法所得5万元以上的，并处违法所得5倍以上10倍以下的罚款；没有违法所得或者违法所得不足5万元的，并处10万元以上30万元以下的罚款；情节严重的，并责令停业整顿或者由原发证机关吊销许可证：（1）未经批准，擅自与境外组织或者个人合作摄制电影，或者擅自到境外从事电影摄制活动的；（2）擅自到境外进行电影底片、样片的冲洗或者后期制作，或者未按照批准文件载明的要求执行的；（3）洗印加工未取得《摄制电影许可证》《摄制电影许可证（单片）》的单位摄制的电影底片、样片，或者洗印加工未取得《电影片公映许可证》的电影片拷贝的；（4）未经批准，接受委托洗印加工境外电影底片、样片或者电影片拷贝，或者未将洗印加工的境外电影底片、样片或者电影片拷贝全部运输出境的；（5）利用电影资料片从事或者变相从事经营性的发行、放映活动的；（6）未按照规定的时间比例放映电影片，或者不执行国务院广播电影电视行政部门停止发行、放映决定的。

（三）境外组织、个人在中华人民共和国境内独立从事电影片摄制活动

境外组织、个人在中华人民共和国境内独立从事电影片摄制活动的，由国务院广播电影电视行政部门责令停止违法活动，没收违法摄制的电影片和进行违法活动的专用工具、设备，并处30万元以上50万元以下的罚款。

（四）未经批准，擅自举办中外电影展、国际电影节，或者擅自提供电影片参加境外电影展、电影节

未经批准，擅自举办中外电影展、国际电影节，或者擅自提供电影片参加境外电影展、电影节的，由国务院广播电影电视行政部门责令停止违法活动，没收违法参展的电影片和违法所得；违法所得2万元以上的，并处违法所得5倍以上10倍以下的罚款；没有违法所得或者违法所得不足2万元的，并处2万元以上10万元以下的罚款。

（五）未经批准，擅自改建、拆除电影院或者放映设施

未经批准，擅自改建、拆除电影院或者放映设施的，由县级以上地方人民政府电影行政部门责令限期恢复电影院或者放映设施的原状，给予警告，对负有责任的主管人员和其他直接责任人员依法给予纪律处分。

（六）其他违反《电影管理条例》的行为

单位违反《电影管理条例》，被处以吊销许可证行政处罚的，应当按照国家有关规定到工商行政管理部门办理变更登记或者注销登记；逾期未办理的，由工商行政管理部门吊销营业执照。

单位违反《电影管理条例》，被处以吊销许可证行政处罚的，其法定代表人或者主要负责人自吊销许可证之日起 5 年内不得担任电影片的制片、进口、出口、发行和放映单位的法定代表人或者主要负责人。

个人违反《电影管理条例》，未经批准擅自从事电影片的制片、进口、发行业务，或者擅自举办中外电影展、国际电影节或者擅自提供电影片参加境外电影展、电影节的，5 年内不得从事相关电影业务。

未按照国家有关规定履行电影事业发展专项资金缴纳义务的，由省级以上人民政府电影行政部门责令限期补交，并自欠缴之日起按日加收所欠缴金额万分之五的滞纳金。

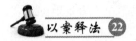以案释法 22

海报不能作为侵犯电影作品署名权的依据

2007年1月18日，原告西安影视公司取得了《姑娘》摄制电影许可证（单片）。2008年1月22日，西安影视公司与被告湖北影视公司签订联合摄制电影《姑娘》的协议。合同约定：双方确认该影片总投资6482560元，湖北影视公司投资5186048元，占总投资的80%，西安影视公司投资1296512元，占总投资的20%；因联合摄制该影片所形成的全部有形财产和无形财产及其衍生权利，除双方另有约定外，均由双方按其实际投资比例共有；其中，无形财产包括但不限于该影片的著作权、发行权以及商业运作中衍生出来的其他具有财产性质的著作权、商品名称使用权等；该影片相关人员的署名，由双方共同决定；该协议还对其他事项作出了约定。2008年7月14日，国家广电局颁发了《姑娘》电影片公映许可证，出品单位为西安影视公司、湖北影视公司。2009年7月31日，西安影视公司和湖北影视公司签订的补充协议约定，授权湖北影视公司负责影片《姑娘》国内外发行事宜，并同意湖北影视公司根据市场情况决定该影片的宣传推广方式和发行推广方式，但方案的执行应事先以书面形式通告西安影视公司，征得西安影视公司的确认。

2010年11月25日，湖北影视公司委托某广告公司在西安市几大繁华路段发布为期30天的影片《姑娘》的宣传广告。该户外广告上载有湖北影视公司、西安影视公司联合投资，在醒目位置载有湖北影视荣誉制造的字样，并在宣传海报上载有出品人周某的字样。

原告西安影视公司认为，被告湖北影视公司未经其同意，在影片《姑娘》对外宣传的海报上将出品人周某、王某更为周某；在广告醒目位置标注湖北影视荣誉制造，未将西安影视列入，其行为侵犯了西安影视公司对涉案影片《姑娘》的知识产权，给其造成较大损失，故诉至法院，请求判令湖北影视公司：停止发放、收回并销毁其制作和发布的影片《姑娘》的海报及户外广告；在全国性的媒体上公开赔礼道歉；赔偿损失50万元；承担本案诉讼费用。

　　法院经审理后判决：湖北影视公司赔偿西安影视公司2万元；驳回西安影视公司其他诉讼请求。

释解

　　根据西安影视公司和湖北影视公司签订的联合摄制协议，约定因联合摄制影片《姑娘》所形成的全部无形财产（包括但不限于著作权）及其衍生权利属双方共有，故西安影视公司作为联合摄制人，享有影片《姑娘》著作权的相关权利。

　　电影制片者在电影署名上可以体现为出品单位、联合出品单位、摄制单位或联合摄制单位。电影摄制单位不仅可以是享有摄制电影权利的单位，而且可以是符合条件的电影投资人。电影著作权人根据电影参与各方的协议产生，可以是投资人，也可以是摄制单位，甚至可以是编剧、导演等。

　　本案中，国家广电局颁发了《姑娘》电影片公映许可证，出品单位为西安影视公司、湖北影视公司，而且电影作品署名与各方的约定相符，故争讼之电影《姑娘》的著作权人为西安影视公司、湖北影视公司。湖北影视公司未经西安影视公司同意，在户外广告和宣传海报上，既未明确注明西安影视公司系涉案影片的联合摄制人，亦未注明西安影视公司法定代表人王某出品人的身份，其行为显属不当，至于湖北影视公司在海报上将涉案影片署名为联合投资，在醒目位置载有湖北影视荣誉制造的字样，因其署名并非电影作品载体本身，不能成为确定侵犯著作权法意义上署名权的依据，不属于侵犯著作权法意义上的署名行为。

　　湖北影视公司称西安影视公司因投资不到位，已丧失涉案影片的著作权，没有事实依据，不能成立。考虑到湖北影视公司在户外广告及宣传海报上的不当行为给西安影视公司造成了一定影响，依照民法通则规定，民事活动应当遵循自愿、公平、等价有偿、诚实信用的原则的规定，应承担相应的赔偿责任。法院遂判决：湖北影视公司赔偿西安影视公司2万元；驳回西安影视公司其他诉讼请求。

以案释法 23

国家有关部门对含有违规内容的电影严肃处理

　　2007年1月，广电总局在网站上公布了关于处理某影片违规问题的情况通报。通报说，该影片在电影制作、参加国际电影节、互联网传播及音像制品制作等方面，严重违反《电影管理条例》及相关法规。为加强和规范电影制片及发行放映的管理，

新闻出版广电法律知识读本

（以案释法版）

确保电影及各种媒体的传播健康有序，广电总局决定吊销该片的《电影片公映许可证》，停止该片在影院发行、放映及其网络传播。

通报指出，由北京某影视文化有限责任公司等联合出品的涉案影片违规制作色情内容的片段（未经审查通过），擅自将未经审查通过的含有色情内容的影片在互联网上传播及制作音像制品，将未经审查通过的电影版本，送第57届柏林电影节参赛，在影片发行放映中进行不健康、不正当的广告宣传。根据相关法规，并按照《广电总局关于重申禁止制作和播映色情电影的通知》《广电总局关于加强互联网传播影视剧管理的通知》等要求，广电总局决定吊销涉案影片的《电影片公映许可证》，没收未经审查通过的影片拷贝及相关素材，制片单位15天内将拷贝等送达广电总局电影局；停止该片在影院发行、放映；停止其网络传播；建议有关行政部门停止其音像制品的发行。与此同时，对负有主要责任的北京某影视文化有限责任公司，取消其两年内摄制电影的资格；该公司的法定代表人方某，两年内不得从事相关电影业务；对负有相关责任、参与投资拍摄的两家公司，进行通报批评，责令其限期整改。对参与该片拍摄的制片人、导演及相关演员，则进行严肃的批评教育，并要求其作出深刻检查。

 释解

部分影视制作单位和互联网视听节目服务单位为追逐经济利益，在海内外电影市场和互联网上，违法违规制作和播映一些带有色情内容的电影，对广大青少年观众产生了较大危害。

为此，2008年12月，新闻出版广电总局为进一步净化荧屏视频，加强对制作和播映色情电影的管理，确保为广大人民群众，尤其是青少年观众提供一个健康和谐的文化环境，促进文化大发展大繁荣，依据《电影管理条例》《电影剧本（梗概）备案、电影片管理规定》《互联网视听节目服务管理规定》《关于加强互联网传播影视剧管理的通知》等法规，发布了《广电总局关于重申禁止制作和播映色情电影的通知》。

通知要求，大力引导影视制片单位、互联网视听节目服务单位和影视工作者，进一步增强社会责任感，不断增强导向意识、责任意识、法律意识，牢牢把握正确导向，强化内容管理，努力提高影视作品的思想和艺术质量，始终坚持社会效益第一、经济效益第二，两个效益相统一的原则，努力为广大人民群众和青少年观众提供健康有益、喜闻乐见、丰富多彩的优秀作品。

进一步完善管理制度，加强内容审查，认真贯彻执行各项管理规定。不得制作和播映夹杂淫秽色情和庸俗低级内容，展现淫乱、强奸、卖淫、嫖娼、性行为、性变态等情节及男女性器官等其他隐私部位，夹杂肮脏低俗的台词、歌曲、背景音乐及声音效果等内容的有害影视作品，不得制作、传播未经广电总局的审查机构审查通过的第二个版本或内容片段；不得将未经审查通过或未按审查意见修改的作品在电影院、电视台播映，也不得在音像市场和互联网上传播；不得将未获得《电影片公映许可证》的作品及其内容片段提交国际电影节展和国际市场参展参赛。

要进一步落实管理责任，完善市场准入和退出机制，强化管理措施，创新管理手段，加强自律和自查。进一步明确"谁经营谁负责，谁审批谁负责"的属地管理原则，加强市场管理和网络搜索，一旦发现问题要及时提出纠正意见，并依法处理。对违反该通知规定的违法违规单位，依据《电影管理条例》予以处罚，并停止发行、放映违规影片；情节严重或不改正的，吊销《摄制电影许可证》或《摄制电影片许可证（单片）》，并按《电影管理条例》的相关规定变更、注销或吊销营业执照，3年内不能申请从事互联网视听节目服务，其法定代表人或主要负责人5年内不得从事相关电影业务；凡故意参加淫秽、色情电影制作的影片主创人员，一律不得参加各类影视评奖活动；情节严重或不改正的，给予纪律处分；屡教不改，造成恶劣社会影响的，国家影视审查机构对其所参与制作的所有电影电视片一律不予受理审查。

第九章
广播电视管理

广播电视是20世纪人类社会的重要发明。广播电视具有覆盖面广、传播迅速、生动形象、接收方便、老少皆宜等特点,是人们日常生活中不可缺少的文化娱乐和资讯信息工具。广播电视的出现,加速了不同文化价值的相互交融,加快了新闻信息的全球传递,不断改变着人民的思想观念和生活方式。

广播电视的发展离不开法律规范和政府监管,没有法律规范和政府监管,广播电视不可能发展到今天这么庞大的规模,也不可能产生这么强大的影响力。

第一节　广播电视法律规范概述

我国广播电视是党和政府的"喉舌",是社会主义精神文明建设的重要阵地,承担着让党和政府的声音传入千家万户、让中国的声音传向世界的任务。广播电视传播迅速、覆盖面广、社会影响极大,对国家安全、社会稳定和民族团结意义重大。世界各国对广播电视的监管都比较严格,形成比较完整的法律规范和监管体系,以确保广播电视符合社会公共利益。经过长期的发展,我国广播电视的法律规范和管理体制已经有了自己的特点。

我国广播电视法律规范较多,法律效力等级较低,多为部门规章。随着我国社会主义法治建设进程加快,广播电视已经纳入法治轨道。

目前,我国广播电视行政法规有:《广播电视管理条例》《广播电视设施保护条例》《卫星电视广播地面接收设施管理规定》《有线电视管理暂行办法》《卫星地面接收设施接收外国卫星传送电视节目管理办法》《中华人民共和国电信条例》等。

我国现行有效的广播电视部门规章有：《〈卫星电视广播地面接收设施管理规定〉实施细则》《有线广播电视运营服务管理暂行规定》《广播电影电视行政处罚程序暂行规定》《电视剧内容管理规定》《广播电影电视行政复议办法》《国家广播电影电视总局行政许可实施检查监督暂行办法》等。

未取得电信业务经营许可证从事电信业务将受到处罚

2002年9月，某省通信管理局接到某广电公司在某县开展宽带互联网接入服务的举报后，经立案调查，收集了现场调查笔录，根据相关证据证明，认定原告未取得电信业务经营许可证，擅自在该县经营宽带互联网接入服务业务，违反了电信条例的规定，遂于2002年10月28日向其发出行政处罚意见告知书，10月30日该广电公司提出了申辩意见。2002年11月20日，通信管理局对广电公司作出行政处罚决定书，认定原告未取得电信业务经营许可证，擅自在该县经营宽带互联网接入服务业务，对原告的申辩材料中陈述的情况，经核实后认为原告的陈述理由不成立，与事实不符，不予采纳。根据电信条例的规定，责令原告改正，并处人民币30万元的罚款。原告不服，于2002年12月23日向信息产业部申请复议，2003年2月17日，信息产业部作出行政复议决定书，决定维持通信管理局作出的行政处罚决定书。

广电公司不服行政复议决定，遂将通信管理局起诉至法院。

法院经审理后判决：维持省通信管理局2002年11月26日对原告作出的行政处罚决定书。

根据电信条例第七条的规定，经营电信业务，必须依照本条例的规定取得国务院信息产业主管部门或者省、自治区、直辖市电信管理机构颁发的电信业务经营许可证。未取得电信业务经营许可证，任何组织和个人不得从事电信业务经营活动。原告广电公司未取得电信业务经营许可证，擅自以自己的名义在该县经营宽带互联网接入服务业务的事实清楚，被告作出行政处罚决定程序合法，适用行政法规、规章正确，予以维持。

第二节 广播电视准入制度

一、行政许可制度

许可制度是各国比较通行的广播电视准入制度，通过发放广播电台电视台许可证、广播电视执照、广播电视特许权协议、资格证书等形式对广播电视业务及其相关业务实行规范管理。行政审批制度是我国广播电视管理的主要手段。

（一）行政审批项目较多

根据行政许可法和国务院决定的要求，我国对行政许可项目进行了清理，保留的行政许可和审批项目涵盖了广播电视节目制作、播出、传输、发射、接收等各个环节，既包括了传统的广播电视传播活动，又包括了互联网等信息网络传播视听节目活动，主要分为三类：

第一类是广播电视业务准入审批。广播电视业务活动主要包括节目制作、节目播出、节目传输等活动。我国广播电台、电视台等播出机构以及广播电视发射、转播台等无线传输发射机构均由国家开办经营，不对民营资本和外资开放；广播电台、电视台在确保节目终审权和播出权的前提下，可以与节目制作经营机构合作开办非新闻宣传类的节目栏目。目前，我国广播电视节目制作业已经对内资开放，初步形成多种投资主体、多种所有制共同发展的格局，民营节目制作机构已经成为我国影视制作业的重要力量。为了规范节目制作、播出、传输等业务活动，我国实行准入许可制度。

第二类是广播电视设备设施审批。为了保证广播电视设备器材的质量，我国对广播电视设备器材实行入网认定制度。为了保证广播电视设施的合理使用，我国对广播电视设施建设使用实行许可制度，主要包括对进口卫星电视广播地面接收设施、设置卫星地面接收设施、迁建广播电视设施、无线广播电视发射设备订购、广播电视设备器材入网等的许可或审批。

第三类是广播电视从业人员资格准入。为了保证广播电视新闻记者、播音员和主持人的基本素质，我国对广播电视新闻采编人员、播音员、主持人实行资格认定制度，通过资格考试、执业注册等方式进行管理。为了规范新闻记者、播音员、主持人的职业行为，国家广电总局制定发布了《中国广播电视编辑记者职业道德准则》《中国广播电视播音员主持人职业道德准则》，倡导良好的职业精神和职业道德，维护广播电视媒体的形象和公信力。

（二）申请设立广播电视台（站）、申请广播电视传送业务的审批要求

1. 对申请人的资格要求

（1）广播电台、电视台原则上由县、不设区的市以上广播电视行政部门或经批准的广播影视集团（总台）设立，教育电视台可以由设区的市、自治州以上教育行政

部门设立；（2）广播电视站由市辖区、乡镇以及企业事业单位申请设立；（3）城市社区有线电视系统由具有独立法人资格的社区物业管理机构或承担物业管理职能的单位主管部门申请设立；（4）县级以上广播电视行政部门组建和管理本区域内的广播电视传输覆盖网。

2.对申请的条件要求

（1）申请设立广播电台、电视台，应当具备的条件有：①符合国家广播电视事业和产业发展规划及相关的国家标准、行业标准；②有符合规定的广播电视专业人员、技术设备和必要的场所；③有必要的基本建设资金和稳定的资金保障；④有明确的频道定位和确定的传输覆盖范围；⑤传输覆盖方式和技术参数符合国家广播电视传输覆盖网规划。

（2）申请设立广播电视站，应当具备的条件有：①符合国家和本辖区广播电视事业和产业建设发展规划；②有符合国家规定的广播电视专业人员；③有符合国家规定的广播电视技术设备；④有必要的基本建设资金和稳定的资金保障；⑤有必要的场所；⑥省级广播电视行政部门规定的其他条件。

（3）申请《广播电视传送业务许可证》，应当具备的条件有：①符合国家广播电视传送业务总体规划和业务要求；②具备安全传送所需的设备、资金、技术、人员及相关管理制度；③资费标准符合国家有关规定；④有从事传送活动的场所和网络资源；⑤有长期提供传送服务的信誉和能力；⑥有合法的节目信号来源；⑦其他法律、法规规定的条件。

（4）申请《信息网络传播视听节目许可证》，应当具备的条件有：①符合广电总局确定的信息网络传播视听节目的总体规划和布局；②符合国家规定的行业规范和技术标准；③有与业务规模相适应的自有资金、设备、场所及必要的专业人员；④拥有与业务规模相适应并符合国家规定的视听节目资源；⑤拥有与业务规模相适应的服务信誉、技术能力和网络资源；⑥有健全的节目内容审查制度、播出管理制度；⑦有可行的节目监控方案；⑧其他法律、行政法规规定的条件。

3.审批程序严格。

地方设立广播电台、电视台的，由县、不设区的市以上广播电视行政部门提出申请，经本级政府同意后，逐级上报，逐级审核，报国务院广播电视行政部门审批。设立广播电视发射台、转播台、微波站、卫星上行站，应当持国务院广播电视行政部门核发的频率专用指配证明，向国家的或省、自治区、直辖市无线电管理机构办理审批手续，领取无线电台执照。设立广播电视站的，须向当地县级以上广播电视行政部门提出申请，逐级审核同意后，报省级广播电视行政部门审批。申请广播电视传送业务的，应向县级或地市级广播电视行政部门提出申请，逐级审核，报国务院广播电视行政部门或省级广播电视行政部门审批。申请《信息网络传播视听节目许可证》的机构，应向所在地县级以上播电视行政部门提出申请，经逐级审核同意后，报国家广电总局审批；中央所属企事业单位，可直接向广电总局提出申请。

（三）申请广播电视节目制作经营业务实施审批的条件

我国鼓励社会组织、企事业单位设立广播电视节目制作经营机构，从事节目制作经营活动。

1. 申请《广播电视节目制作经营许可证》的条件

符合以下条件的，可以申请《广播电视节目制作经营许可证》：符合国家广播电视节目制作产业发展规划、布局和结构；具有独立法人资格和符合法律规定的机构名称和章程；有适应业务需要的广播电视专业人员、资金和工作场所，企业注册资金不少于300万元人民币；申请之日起前三年，其法定代表人无违法违规记录，没有被吊销过《广播电视节目制作经营许可证》的记录；法律、行政法规规定的其他条件。

2. 申请《广播电视节目制作经营许可证》应提交的材料

申请《广播电视节目制作经营许可证》，应提交以下材料：申请报告；组织机构章程；许可证申领表；主要人员材料，包括法定代表人身份证明、简历以及主要管理人员的广播电视专业简历、业绩等材料；注册资金或验资证明；办公场所证明；企事业单位执照或名称核准件。

在京的中央单位及所属机构申请的，向国家广电总局审批；其他机构向当地广播电视行政部门提出申请，逐级审核后报省级广播电视行政部门审批。审批部门应在收到申请材料之日起20个工作日内作出批准或不批准的决定。节目制作经营机构应当在批准的制作经营范围内开展业务活动，不得制作时政新闻及同类专题、专栏等广播电视节目。

3. 制作电视剧，须取得《电视剧制作许可证》

持有《广播电视节目制作经营许可证》的机构、持有《摄制电影许可证》的电影制片机构以及地市级以上电视台（广播电视台、广电集团）可以申请《电视剧制作许可证》。《电视剧制作许可证》分为《电视剧制作许可证（乙）》（仅限于该证标明的剧目使用）和《电视剧制作许可证（甲）》（对持证机构制作的所有电视剧均有效）。

申请《电视剧制作许可证（乙）》，应提交以下材料：申请报告；许可证申领登记表；广电总局题材规划立项批准文件复印件；编剧授权书；申请机构与制片人、导演、摄像、主要演员等主创人员和合作机构等签订的合同或合作意向书复印件；《广播电视节目制作经营许可证》复印件或电视台、电影制作机构的资质证明；制作资金落实证明。

在京的中央单位及所属机构申请的，向国家广电总局审批；其他机构向当地广播电视行政部门提出申请，逐级审核后报省级广播电视行政部门审批。电视剧制作机构连续两年制作完成6部以上单本剧或3部以上连续剧（3集以上／部）的，可向广电总局申请《电视剧制作许可证（甲）》。

（四）对行政审批活动实行监督检查和行政复议、行政诉讼制度

各级广播电视行政部门实施行政审批活动，要按照法定程序进行，需要听证的，应当公开听证。法制部门和监察部门对行政许可实施情况进行核查，对行政审批活动进行监督。当事人有权举报投诉，通过申诉、行政复议、行政诉讼等方式维护自己的合法权益。

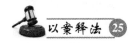以案释法 25

违规设立地下电视台将承担法律责任

2010年3月，某市广电局接到举报称，在辖区内某地发现非法电视信号。市无线电管理局迅速出动移动监测车，直奔该地。

执法人员发现信号来自附近一个面粉厂院内一通信塔。当执法人员使用摄像机镜头拉近观察，发现塔上有可疑设备。根据通信塔上的3条电缆线的方向，执法人员进入放置设备的房间。发现房间内空无一人，有一台 DVD 影碟机，影碟机的 USB 接口上插着一个8G的 U 盘，还有一台25英寸电视机正在播放电视连续剧，一条电缆线从电视机一直延伸到屋子外面。执法人员随即攀上信号塔，将发射机拆除，并将全套设备依法没收。

释解

《广播电视管理条例》和其他规范性文件对我国设立广播电视播出机构的条件都严格限制，特别是禁止任何个人或所谓民间和外资设立或参与设立电台、电视台，这是保证国家安全和社会稳定的必要条件。

《广播电视管理条例》规定，擅自设立广播电台、电视台、教育电视台、有线广播电视传输覆盖网、广播电视站的，由县级以上人民政府广播电视行政部门予以取缔，没收其从事违法活动的设备，并处投资总额1倍以上2倍以下的罚款。

擅自设立广播电视发射台、转播台、微波站、卫星上行站的，由县级以上人民政府广播电视行政部门予以取缔，没收其从事违法活动的设备，并处投资总额1倍以上2倍以下的罚款；或者由无线电管理机构依照国家无线电管理的有关规定予以处罚。

各省交接处往往是广播电视管理的薄弱环节，有人就钻这个空子非法设台，管理部门一经发现，应立即予以取缔。

第三节　广播电视节目制度

节目管理是我国广播电视管理的重要组成部分。坚持正确的舆论导向是我国广播电视节目的根本要求，真实、客观是我国广播电视新闻节目的基本要求。我国广播电视节目管理的规定较多，主要包括以下内容：

一、明确广播电视节目禁止载有的内容

（一）实质内容禁止事项

根据《广播电视管理条例》第三十二条规定："广播电台、电视台应当提高广播电视节目质量，增加国产优秀节目数量，禁止制作、播放载有下列内容的节目：（1）危害国家的统一、主权和领土完整的；（2）危害国家的安全、荣誉和利益的；（3）煽动民族分裂，破坏民族团结的；（4）泄露国家秘密的；（5）诽谤、侮辱他人的；（6）宣扬淫秽、迷信或者渲染暴力的；（7）法律、行政法规规定禁止的其他内容。

（二）未按法定形式禁止事项

根据广播电视的特点，我国广播电视节目还禁止载有以下内容：（1）没有取得节目制作经行许可证的单位制作的节目；（2）未经审查批准的境外电影、电视剧和其他节目；（3）按照著作权法规定须经著作权人许可方可使用的作品；（4）未经批准擅自以卫星传输等方式进口、转播的境外广播电视节目；（5）教育电视台播放的与教学内容无关的电影、电视片。

二、对特殊节目的特别的规定和要求

（一）群众参与的广播电视直播节目的特殊规定

1. 群众参与的广播电视直播节目的条件

1999年12月2日国家广播电影电视总局发布《群众参与的广播电视直播节目管理暂行办法》规定，广播电台、电视台、有线广播电视台、广播电视台开设群众参与的直播节目，必须符合以下条件：（1）具备"延时装置"、"储存电话"等技术保障设施；（2）具有较高政策水平、熟练掌握有关操作技能的相对固定的编播人员；（3）电台、电视台的导演、导播、主持人必须经过培训、持证上岗，电话编辑、节目监制等编播人员必须具有中级以上的专业技术职务；（4）有比较完善的节目操作程序和管理规定；（5）有处理不测情况的应对预案。

2. 相关程序性规定

根据《群众参与的广播电视直播节目管理暂行办法》第四条的规定：

（1）广播电台、电视台、有线广播电视台、广播电视台开设群众参与的直播节目，须经广播电视行政部门批准。

（2）中央人民广播电台、中国国际广播电台、中央电视台开设群众参与的直播节目，须经本台台长签署同意意见后，报国家广播电影电视总局审批；

（3）省级广播电台、电视台、有线广播电视台开设群众参与的直播节目，须经本台台长签署同意意见后，报省级广播影视厅（局）审批，并报国家广播电影电视总局备案；

地（市）、县级广播电台、电视台、有线广播电视台、广播电视台开办群众参与的直播节目，须经本台台长签署同意意见后，报地（市）广播电视局按照有关规定审批，报省级广播影视厅（局）备案。

3. 申请需要递交的书面材料

广播电台、电视台、有线广播电视台、广播电视台申请开设群众参与的直播节目，须提交包括下列内容的书面材料：（1）节目或栏目的名称、使用频率（频道）、时段及3百字左右的内容介绍；（2）节目或栏目的负责人、编辑、导演、导播及主持人的姓名、职务、专业技术职务；（3）"延时装置""储存电话"等保证播出安全的技术保障设施的型号和数量。

（二）广播电台、电视台传输广播电视节目应当具备的条件

《卫星传广播电视节目管理办法》广播电台、电视台利用卫星方式传输广播电视节目，应当具备以下条件：（1）符合全国广播电视发展的总体规划和覆盖要求；（2）有足够的资金保障；（3）自制节目能力达到每天５小时以上，节目播出时间达到每天１８小时以上；（4）有健全的节目审查和管理制度；（5）有利用电视通道副载波传输广播节目的条件和设备，有开展卫星多工应用的方案；（6）有随时关断卫星广播电视节目的技术保证；（7）广播电影电视部规定的其他条件。

（三）关于开办付费频道要求

关于《广播电视有线数字付费频道业务管理暂行办法（试行）》规定，开展付费频道业务，应根据社会主义精神文明建设的要求，遵循社会主义市场经济规律和广播电视发展规律，按照产业方式运作，培育市场运营主体，实行成本核算、自负盈亏。

禁止设立中外合资、中外合作、外商独资经营付费频道开办、播出、集成、传输、接入等业务的机构。

开办付费频道，应经国家广播电影电视总局批准；未经批准，任何组织或个人不得擅自开办付费频道。下列机构可以单独或联合申请开办付费频道：（1）中央、省级、省会城市、计划单列市的广播电视播出机构；（2）经批准设立的广播影视集团（总台）；（3）经特殊批准的其他中央广播影视机构及其他拥有节目内容资源独占优势的中央单位。

开办付费频道,应具备下列条件:(1)符合国家付费频道业务发展的总体规划;(2)有可行性研究报告、频道专业化方案和产业运营方案;(3)有与从事付费频道业务相适应的资金、技术设备及系统、专业人员和场所;(4)有与从事付费频道业务相适应的节目制作、审查能力和相关资源;(5)有为用户提供长期服务的能力和信誉;(6)有合作事项的,应当符合本办法的规定;(7)法律法规规定的其他条件。

三、实行节目交易交流制度

我国鼓励国产电影片、电视剧(动画片)以及其他广播电视节目参加境内外广播影视节(展),进行节目交易交流活动。参加广播影视节(展)的国产电影片、电视剧(动画片),须取得《电影片公映许可证》或《电视剧(电视动画片)发行许可证》;其他广播电视节目,应当符合《广播电视管理条例》等法规有关节目内容的要求。入境参加展播的境外广播电视节目,须经省级以上广播电视行政部门审查批准;赴境外参展的广播电视节目,应事先报省级以上广播电视行政部门备案:在境内举办国际性广播影视节(展)、节目交流活动以及设评奖的全国性广播影视节(展),须经国家广电总局批准;赴境外举办中国广播影视节(展),须符合国家外交和对港、澳、台工作的方针政策,事先报广电总局备案。

四、实行节目转播制度

地中央的广播电台、电视台利用卫星方式传输广播电视节目,应当向广播电影电视部提出书面申请。中国教育电视台利用卫星方式传输电视节目,应当报经国家教育委员会批准,并向广播电影电视部提出书面申请。

省级广播电台、电视台利用卫星方式传输广播电视节目,应当向省级人民政府广播电视行政部门提出书面报告。省级人民政府广播电视行政部门认为需要利用卫星方式传输的,应当报经同级人民政府批准,并向广播电影电视部提出书面申请。

书面申请应当包括经费、设备、节目储备来源、管理制度、技术参数和人员编制等内容。

五、实行节目监测评议制度

《卫星传输广播电视节目管理办法》规定,广播电视行政部门设立监测中心,负责对卫星广播电视节目进行监测,并定期报告监测情况。广播电影电视部设立视听评议机构,负责对卫星广播电视节目进行收听、收看和评议,并定期公布评议结果。

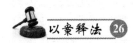
电视台发布新闻失实承担责任

2005年5月，张某两兄弟在某镇给村民打井时，受到他人胁迫，准备卖掉钻井机。当天下午，恰好邱某来找张某两兄弟打井，并问是否愿意出售钻井机，经协商，张某两兄弟将钻井机以1.5万元的价格卖给邱某。邱某因不懂技术，无法使用机器，后双方达成解除合同的协议，张某退还邱某购机款1.5万元。但邱某以张某未依约传授技术，给其造成损失为由，拒绝返还钻井机，双方发生了纠纷。时逢公安系统开展"开门大接访"活动，张某便将情况予以反映，公安局高度重视，经派员进行调查并协调，为张某要回了机器。

事后，该县广播电视台因编制节目"春雨润心田"而派记者对张某进行采访，张某在接受采访时，将事情经过陈述为："因我打井生意好，邱某叫了一帮青年将钻井机强行扣留，要我以1.5万元的价格卖给他，被迫无奈，我只得同意。后因邱某掌握不了技术，没有赚到钱，并将机器损坏，要求退货。"2005年8月13日，该县广播电视台连续7天在该县黄金时间段播出该节目。为此，邱某向法院起诉广播电视台和张某，要求两被告立即停止侵害，并公开为其恢复名誉及赔偿精神抚慰金1万元。

法院经审理判决：判令电视台和张某在该县广播电视台刊登道歉启事并连续播放一周，为原告邱某消除影响、恢复名誉，驳回原告其他诉讼请求。

释解

我国法律规定，公民、法人享有名誉权，禁止用侮辱、诽谤等方式损害公民、法人的名誉。张某主观上将本人受到威胁与邱某购买钻井机两件无证据证实有关联的事件相联系，进而在接受采访时，将两人的纠纷陈述为强买强卖，并允许电视台播放，在一定范围内致使邱某的社会评价降低，主观上具有过错，侵犯了原告的名誉权。被告县广播电视台对张某的陈述未经核实，制作并播出节目，使张某的侵权影响得以扩散，构成共同侵权，应共同承担法律责任。

第四节　广播电视设施建设与保护制度

广播电视设施是从事广播电视活动的物质基础，设施的质量与安全直接关系到广播电视播出安全和传输接收质量。

一、对广播电视工程建设实行许可制度和竣工验收制度

筹建广播电台、电视台，须经国务院广播电视行政部门审查批准。经批准筹建的广播电台、电视台，应当按照国家规定的建设程序和技术标准进行工程建设。工程完工，经国务院广播电视行政部门审查符合条件的，发给广播电台、电视台许可证。广播电视传输覆盖网的工程选址、设计、施工、安装，应当按照国家有关规定办理，并由依法取得相应资格证书的单位承担。广播电视传输覆盖网的工程建设和使用的技术设备，应当符合国家标准、行业标准，工程竣工后，由广播电视行政部门组织验收，验收合格的，方可投入使用。新建、扩建广播电视设施，应当遵守城乡建设总体规划，按照国家有关规定选址，避开各种干扰源。广播电视发射设施建设，应当符合国家有关电磁波防护和卫生标准。

二、对广播电视设备器材实行入网认定制度

国家对拟进入广播电台、电视台、广播电视传输覆盖网以及监测监控网的有关设备实行入网认定准入制度，以保证设备质量和运行安全。广播电台、电视台、广播电视传输覆盖网以及监测监控网运营单位不得使用未获得国家广电总局颁发的有效入网认定证书的广播电视设备器材。

下列设备器材应当进行入网认定：有线电视系统前端设备器材；有线电视干线传输设备器材；用户分配网络设备器材；广播电视中心节目制作播出设备器材；广播电视信号无线发射与传输设备器材；广播电视信号加解扰、加解密设备器材；卫星广播电视设备器材；广播电视专用电源产品；广播电视监测监控设备器材；法律、法规规定的其他设备器材。

三、对广播电视设施实行特别保护制度

广播电视设施的安全直接关系到安全播出、安全传输和政令畅通，直接关系到人民群众收听收看广播电视节目的效果和质量。《广播电视管理条例》规定，任何单位和个人不得冲击广播电台、电视台，不得损坏广播电台、电视台的设施，不得危害其安全播出；禁止任何单位和个人侵占、哄抢或以其他方式破坏广播电视传输覆盖网的设施，任何单位和个人不得侵占、干扰广播电视专用频率，不得擅自截传、干扰、解扰广播电视信号。我国还专门制定发布了《广播电视设施保护条例》。该条例要求将广播电视设施规划和保护纳入城乡建设总体规划，加强宣传教育工作；对危及广播电视信号发射设施安全和损害其使用效能的行为、危及广播电视信号专用传输设施的安全和损害其使用效能的行为、危及广播电视监测设施的安全和损害其使用效能的行为、危及广播电视设施安全和损害其使用效能的行为作了禁止性规范；对可能危及广播电视设施安全的活动，要求事先通知广播电视设施管理单位，并采取有效防范措施后，方可进行。该条例还规定了具体的罚则。目前，国家广电总局正组织有关人员起草《广播电视传输保障法》草案。

破坏广播电视设施应承担刑事责任

高某因赌博欠债，产生盗窃广播电视技术中心的铜芯线变卖获利的念头。2008年9月14日晚8点，高某携带钢丝钳、电笔和面粉袋窜至广播电视技术中心所在的某办公场所，用钢丝钳将挂锁剪断进入房顶，用钢丝钳将房顶上正在使用的四根长118米的用于闭路电视传输和调配机房供电使用的铜芯线剪断，将铜芯线装入面粉口袋盗走。因该铜芯线被盗，导致该小区近2000用户无法接收到电视节目达20小时左右。次日早上，高某将铜芯线以每斤15元的价格卖给废旧收购站，获利960元。2008年9月19日晚10点，高某又窜至广播电视技术中心另一办公场所，欲盗窃铜芯线时被当场抓获。

人民检察院指控犯罪嫌疑人高某犯破坏广播电视设施罪，于2008年12月29日向人民法院提起公诉。人民法院经审理判决：被告人高某犯破坏广播电视设施罪成立，判处有期徒刑四年。

高某采用破坏性手段盗窃正在使用中的广播电视信号专用传输设施的附属设备，危害公共安全，事实清楚，证据确实充分，根据刑法第一百二十四条规定，其行为已构成破坏广播电视设施罪。

第五节 法律责任与法律救济

法律责任是指广播电视运营者、政府管理者、用户及其他当事人因违反了法律规定的义务而必须承担的法律后果，包括行政责任、民事责任和刑事责任。法律救济是指广播电视运营者、用户及其他当事人的合法权利受到侵害，可以从法律上获得自行解决，或者请求法院及其他机关给予解决，使其受到损害的权益得到补救。法律救济的途径和形式多种多样，主要有行政复议、行政诉讼、民事诉讼、刑事诉讼、国家赔偿以及投诉申诉等。

一、行政责任与行政救济

我国法律对广播电视运营者、受众及其他当事人的违法行为以及相应的行政处罚进行了规定，对广播电视运营者中的相关人员的违法行为以及处罚方式进行了规定。

（一）广播电视违法行为

我国法律规定的广播电视违法行为主要有：（1）擅自设立广播电台、电视台、教育电视台、有线广播电视传输覆盖网、广播电视站、广播电视发射台、转播台、微波站、卫星上行站、广播电视节目制作经营单位或者擅自制作电视剧及其他广播电视节目的；（2）擅自生产、销售、安装和使用卫星地面接收设施的；（3）制作、播放、向境外提供含有法律规定禁播内容的节目的；未经批准，擅自变更台名、台标、节目设置范围或者节目套数的；（4）出租、转让播出时段的；（5）转播、播放广播电视节目违反规定的；（6）播放境外广播电视节目或者广告的时间超出规定的；（7）播放未取得广播电视节目制作经营许可的单位制作的广播电视节目或者未取得电视剧制作许可的单位制作的电视剧的；（8）播放未经批准的境外电影、电视剧和其他广播电视节目的；（9）教育电视台播放《广播电视管理条例》第四十四条规定禁止播放的节目的；（10）未经批准，擅自举办广播电视节目交流、交易活动的；（11）出租、转让频率、频段，擅自变更广播电视发射台、转播台技术参数的；（12）广播电视发射台、转播台擅自播放自办节目、插播广告的，等等。

（二）对违法行为的处罚

对于广播电视违法行为，广播电视行政部门及有关部门应当按照各自的权限和程序实施警告、罚款、没收违法所得和非法财物、责令停止违法活动、吊销许可证等行政处罚。公民、法人或者其他组织对行政部门所给予的行政处罚，享有陈述权、申辩权；对行政处罚不服的，有权依法申请行政复议或者提起行政诉讼；对行政部门违法给予行政处罚受到损害的，有权依法提出赔偿要求。

（三）广播电视播出机构人员违法

广播电视播出机构工作人员违反宣传纪律的，广播电视行政部门及其工作人员在广播电视管理工作中滥用职权、玩忽职守、徇私舞弊，尚不构成犯罪的，依法给予行政处分，包括警告、记过、记大过、降级、降职、撤职、开除、留用察看、开除等；对行政处分不服的，可以进行申诉。对于广播电视播出机构中的共产党员违反宣传纪律的，给予警告、严重警告、撤销党内职务、留党察看、开除党籍等党纪处分，受处分的党员可以进行申诉。

二、刑事责任与诉讼救济

我国刑法规定的涉及广播电视领域的犯罪行为主要有：破坏广播电视设施罪，制作、贩卖、传播淫秽物品罪，扰乱无线电通讯管理秩序罪，虚假广告罪，侮辱诽谤罪，渎职罪等。由司法机关对犯罪分子进行刑事处罚，包括管制、拘役、有期徒刑、无期徒刑、死刑，以及单处或并处罚金、剥夺政治权利、没收财产等。当事人可以通过辩护、上诉、申诉等刑事诉讼制度，维护自己的合法权益。

三、民事责任与民事救济

广播电视运营者、政府管理者、用户及其他当事人违反民事法律规定的义务，应当承担相应的民事法律责任。涉及广播电视的民事纠纷主要有著作权纠纷、名誉权纠纷、服务质量纠纷等。承担民事责任的方式主要有停止侵害，排除妨碍，消除危险，返还财产，恢复原状，修理、重做、更换，赔偿损失，支付违约金，消除影响、恢复名誉，赔礼道歉等。当事人可以通过委托代理、起诉、上诉、申诉等民事诉讼制度，维护自己的合法权益。

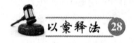

私设有线电视天线系统应承担法律责任

韩某未经广播电视行政管理部门同意批准，在没有取得《共用天线系统设计（安装）许可证》和营业执照的情况下，为某牧场二分场设计施工安装有线电视共用天线系统75户，收取该场工程款51050元（包括购料费）；为牧场三分场设计施工安装有线电视系统85户，收取工程款46500元（包括购料费）。县文化广播电视体育局于接到举报后，经调查核实，作出关于对韩某擅自安装有线电视共用天线系统的处理决定，处以2万元罚款。韩某不服，申请复议。市广播电视局根据广播电视部《有线电视管理暂行办法》的规定，决定对韩某罚款2万元（两处各罚1万元）。罚款执行由县广播电视局负责实施；县文化广播电视体育局作出的关于对韩某擅自安装有线电视共同天线系统的处理决定，运用处罚法规依据不当，予以撤销。韩某不服该复议决定，向法院提起诉讼。

经法院审理后判决，维持市广播电视局的行政复议决定。

韩某以个人名义未经当地广播电视局批准发证，也未办理营业执照，而进行设计安装有线电视共用天线，是违反法律规定的，市广播电视局对其予以处罚正确。根据《有线电视管理暂行办法》第十五条的规定，县级以上地方各级广播电视行政管理部门负责对当地有线电视设施和有线电视播映活动进行监督检查，对违反本办法的行为，视情节轻重，给予相应的行政处罚。县文化广播电视体育局不具备行政处罚主体资格，所以其行政处罚决定书被撤销。根据《有线电视管理暂行办法》的规定，未获有线电视台或者有线电视站、共用天线系统设计（安装）许可证，私自承揽有线电视台、有线电视站或者共用天线系统设计、安装任务的，除责令其停止非法业务活动外，可以处以1万元以下的罚款。因此，市广播电视局所处罚款是在法律规定的处罚幅度之内。

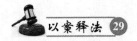

有线电视收费引发争端

2003年6月30日，北京某有线电视网络股份公司发出一封致北京某有线电视用户的通知，通知中注明，根据北京市物价局的批复，从7月1日起，每户有线电视用户缴纳的有线电视费，从每月12元涨到18元。

2003年7月16日，何女士发现银行账户上被多扣了6元钱后才知道涨价的事情，她认为该公司单方面涨价，侵害了消费者的知情权、自主选择权和公平交易权，当日即诉至法院，请求退回多收取的6元钱，并在此后追加的诉讼请求中要求，退还擅自收取的2003年8月至10月共54元的有线电视收看费并向其赔礼道歉。

法院经审理后判决：驳回了原告的诉讼请求。

根据《有线电视基本收视维护费管理暂行办法》（2004年），有线电视基本收视维护费实行政府定价，收费标准由价格主管部门制定；制定或调整有线电视基本收视维护收费标准，应执行《政府价格决策听证办法》和《政府制定价格行为规则（试行）》有关规定。2009年国家发改委和国家广电总局下发《关于加强有线电视收费管理等有关问题的通知》，规定有线电视基本收视维护费实行政府定价；有线电视增值业务服务和数字电视付费节目收费，由有线电视运营机构自行确定。

本案中，原告与被告存在有线电视服务合同关系，资费标准是服务合同的重要内容。有线电视基本收视维护费的标准不是由有线网络运行商与用户协商决定，而是由政府定价，原告起诉被告单方面涨价，无论从违约角度还是侵权角度，都很难找到法律依据。事实上，政府关于有线电视基本收视维护费的定价标准和政策对社会有普遍的约束力，有线网络运营商和用户都应当遵守。

第十章

网络信息管理

经过了十余年的蓬勃发展，互联网已经成为当今世界重要的大众传播媒介之一。民法通则、著作权法等传统法律也适用于调整虚拟网络空间，同时，结合互联网传播与其他传统媒体存在的不同特点，国家还有针对性地制定了许多新的法律法规，用于调整网络空间的行为，规范互联网产业的发展。

第一节　电子出版物

一、电子出版物概述

电子出版物，是指以数字代码将图文声像等信息编辑加工后存储在磁、光、电介质上，通过计算机或者具有类似功能的设备读取使用，用以表达思想、普及知识和积累文化，并可复制发行的大众传播媒体。

我国目前有关电子出版物的规范性文件主要有两个：《出版管理条例》和《电子出版物出版管理规定》。

二、电子出版物内容的管理

根据《电子出版物出版管理规定》以及《出版管理条例》相关规定，电子出版物不得含有下列内容：（1）反对宪法确定的基本原则的；（2）危害国家统一、主权和领土完整的；（3）泄露国家秘密、危害国家安全或者损害国家荣誉和利益的；（4）煽动民族仇恨、民族歧视，破坏民族团结，或者侵害民族风俗、习惯的；（5）宣扬邪教、迷信的；（6）扰乱社会秩序，破坏社会稳定的；（7）宣扬淫秽、赌博、暴力或者教唆犯罪的；（8）侮辱或者诽谤他人，侵害他人合法权益的；（9）危害社会公德或者民族优秀文化传统的；（10）有法律、行政法规和国家规定禁止的其他内容的。

以未成年人为对象的电子出版物不得含有诱发未成年人模仿违反社会公德的行为和违法犯罪行为的内容，不得含有恐怖、残酷等妨害未成年人身心健康的内容。

三、电子出版物出版单位的设立、变更和撤销

（一）电子出版物出版单位的设立条件和程序

1.设立条件

设立电子出版物出版单位，应当具备下列条件：（1）有电子出版物出版单位的名称、章程；（2）有符合国家新闻出版广电总局认定条件的主管、主办单位；（3）有确定的电子出版物出版业务范围；（4）有200万元以上的注册资本；（5）有适应业务范围需要的设备和工作场所，其固定工作场所面积不得少于200平方米；（6）有适应业务范围需要的组织机构，有2人以上具有中级以上出版专业职业资格；（7）法律、行政法规规定的其他条件。

除上述所列条件外，还应当符合国家关于电子出版物出版单位总量、结构、布局的规划。

2.设立程序

设立电子出版物出版单位，经其主管单位同意后，由主办单位向所在地省、自治区、直辖市新闻出版行政部门提出申请；经省、自治区、直辖市新闻出版行政部门审核同意后，报国家新闻出版广电总局审批。国家新闻出版广电总局自受理设立电子出版物出版单位的申请之日起90日内，作出批准或者不批准的决定，直接或者由省、自治区、直辖市新闻出版行政部门书面通知主办单位；不批准的，应当说明理由。

设立电子出版物出版单位的主办单位应当自收到批准决定之日起60日内，向所在地省、自治区、直辖市新闻出版行政部门登记，领取国家新闻出版广电总局颁发的《电子出版物出版许可证》。

电子出版物出版单位持《电子出版物出版许可证》向所在地工商行政管理部门登记，依法领取营业执照。

（二）电子出版物出版单位的变更和注销

电子出版物出版单位改变名称、业务范围、经济性质、主办单位、主管部门，合并或者分立，应当重新办理审批手续，并到原登记的工商行政管理部门办理相应的登记手续。

电子出版物出版单位改变地址、主要负责人或者法定代表人的，应当经主办单位及其主管部门审查同意后，向所在地省、自治区、直辖市新闻出版行政部门申请变更登记后，到原登记的工商行政管理部门办理相应的登记。省、自治区、直辖市新闻出版行政部门须将有关变更登记事项报国家新闻出版广电总局备案。

电子出版物出版单位终止出版活动的，应当向到省、自治区、直辖市新闻出版

广电局 办理注销登记手续，并到原登记的工商行政管理部门办理相应的注销登记。省、自治区、直辖市新闻出版行政部门应将有关变更登记事项报国家新闻出版广电总局备案。

四、对电子出版物经营单位管理

电子出版物经营单位包括电子出版物制作单位、电子出版物出版单位、电子出版物复制单位、电子出版物进口单位、电子出版物发行单位。

（一）编辑责任制度

电子出版物出版单位实行编辑责任制度，保障电子出版物的内容符合《出版管理条例》的规定。

（二）备案制

电子出版物出版社的年度出版计划及涉及国家安全、社会安定等方面的重大选题，应当经所在地省、自治区、直辖市人民政府出版行政部门审核后报国务院出版行政部门备案；涉及重大选题，未在出版前报备案的出版物，不得出版。具体办法由国务院出版行政部门制定。

（三）对书号、刊号的管理

出版电子出版物，必须按规定使用中国标准书号。同一内容，不同载体形态、格式的电子出版物，应当分配不同的中国标准书号。

出版连续型电子出版物，必须按规定使用国内统一连续出版物号，不得用于出版纸质图书和其他类型的出版物。

（四）符合国家的技术、质量标准和规范要求

出版电子出版物，须在电子出版物载体的印刷标识面或其装帧的显著位置载明电子出版物制作、出版单位的名称，中国标准书号或国内统一连续出版物号及条码，著作权人名称以及出版日期等其他有关事项。

（五）涉外制作审批制

进口电子出版物成品，须由新闻出版总署批准的电子出版物进口经营单位提出申请；所在地省、自治区、直辖市新闻出版行政部门审核同意后，报新闻出版广电总局审批。

申请进口电子出版物，应当提交下列材料：（1）申请书，应当载明进口电子出版物的名称、内容简介、出版者名称、地址、进口数量等；（2）主管单位审核意见；（3）申请单位关于进口电子出版物的审读报告；（4）进口电子出版物的样品及必要的内容资料。

新闻出版总署自受理进口电子出版物申请之日起20日内，作出批准或者不批准的决定；不批准的，应当说明理由。

审批进口电子出版物，应当组织专家评审，并应当符合国家总量、结构、布局规划。进口电子出版物的外包装上应贴有标识，载明批准进口文号及用中文注明的出版者名称、地址、著作权人名称、出版日期等有关事项。

（六）样本送交制

出版单位配合本版出版物出版电子出版物，向所在地省、自治区、直辖市新闻出版行政部门提出申请，省、自治区、直辖市新闻出版行政部门审核同意的，发放电子出版物中国标准书号和复制委托书，并报新闻出版广电总局备案。

出版单位申请配合本版出版物出版电子出版物，应提交申请书及本版出版物、拟出版电子出版物样品。

申请书应当载明配合本版出版物出版的电子出版物的名称、制作单位、主要内容、出版时间、复制数量和载体形式等内容。

电子出版物发行前，出版单位应当向国家图书馆、中国版本图书馆和新闻出版广电总局免费送交样品。

（七）复制委托制度

电子出版物、电子出版物非卖品应当委托经新闻出版总署批准设立的复制单位复制。委托复制电子出版物和电子出版物非卖品，必须使用复制委托书，并遵守国家关于复制委托书的管理规定。复制委托书由新闻出版总署统一印制。

委托复制电子出版物、电子出版物非卖品的单位，应当保证开具的复制委托书内容真实、准确、完整，并须将开具的复制委托书直接交送复制单位。

委托复制电子出版物、电子出版物非卖品的单位不得以任何形式向任何单位或者个人转让、出售本单位的复制委托书。

委托复制电子出版物的单位，自电子出版物完成复制之日起30日内，须向所在地省、自治区、直辖市新闻出版行政部门上交本单位及复制单位签章的复制委托书第二联及样品。

委托复制电子出版物的单位须将电子出版物复制委托书第四联保存2年备查。

委托复制电子出版物、电子出版物非卖品的单位，经批准获得电子出版物复制委托书之日起90日内未使用的，须向发放该委托书的省、自治区、直辖市新闻出版行政部门交回复制委托书。

（八）年度核验制度

电子出版物出版单位实行年度核验制度，年度核验每两年进行一次。省、自治区、直辖市新闻出版行政部门负责对本行政区域内的电子出版物出版单位实施年度核验。核验内容包括电子出版物出版单位的登记项目、设立条件、出版经营情况、遵纪守法情况、内部管理情况等。

1.年度核验应提交的材料

电子出版物出版单位进行年度核验，应提交以下材料：（1）电子出版物出版单位年度核验登记表；（2）电子出版物出版单位两年的总结报告，应当包括执行出版法规的情况、出版业绩、资产变化等内容；（3）两年出版的电子出版物出版目录；（4）《电子出版物出版许可证》的复印件。

2. 年度核验程序

电子出版物出版单位年度核验程序为：（1）电子出版物出版单位应于核验年度的1月15日前向所在地省、自治区、直辖市新闻出版行政部门提交年度核验材料；（2）各省、自治区、直辖市新闻出版行政部门对本行政区域内电子出版物出版单位的设立条件、开展业务及执行法规等情况进行全面审核，并于该年度的2月底前完成年度核验工作；对符合年度核验要求的单位予以登记，并换发《电子出版物出版许可证》；（3）各省、自治区、直辖市新闻出版行政部门应于核验年度的3月20日前将年度核验情况及有关书面材料报新闻出版总署备案。

3. 暂缓年度核验的情形

电子出版物出版单位有下列情形之一的，暂缓年度核验：（1）不具备本规定第六条规定条件的；（2）因违反出版管理法规，正在限期停业整顿的；（3）经审核发现有违法行为应予处罚的；（4）曾违反出版管理法规受到行政处罚，未认真整改，仍存在违法问题的；（5）长期不能正常开展电子出版物出版活动的。

暂缓年度核验的期限由省、自治区、直辖市新闻出版行政部门确定，最长不得超过3个月。暂缓期间，省、自治区、直辖市新闻出版行政部门应当督促、指导电子出版物出版单位进行整改。暂缓年度核验期满，对达到年度核验要求的电子出版物出版单位予以登记；仍未达到年度核验要求的电子出版物出版单位，由所在地省、自治区、直辖市新闻出版行政部门提出注销登记意见，新闻出版总署撤销《电子出版物出版许可证》，所在地省、自治区、直辖市新闻出版行政部门办理注销登记。

4. 处罚

不按规定参加年度核验的电子出版物出版单位，经书面催告仍未参加年度核验的，由所在地省、自治区、直辖市新闻出版行政部门提出注销登记意见，新闻出版总署撤销《电子出版物出版许可证》，所在地省、自治区、直辖市新闻出版行政部门办理注销登记。

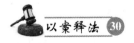 以案释法 30

网络服务提供者对侵权行为的责任

某出版公司享有在中国大陆范围内以图书形式出版《盗墓》的专有权利。出版公司发现被告杨某以明显不合理的低价，通过开设在淘宝网上的网店销售《盗墓》。经过出版公司确认，杨某所销售的涉案图书系盗版图书，其行为侵犯了出版公司享有的专有出版权。出版公司认为，淘宝网公司作为提供交易服务平台的主体，对在其网上销售的涉案图书及销售主体资格未尽到合理的审查义务，且对以明显低于市场价格销售图书的信息未尽到及时删除的义务，为非法销售盗版图书提供了渠道和便利，已经参与到杨某的侵权环节之中，与杨某构成共同侵权，应承担连带责任。起诉至法院。

被告淘宝网公司辩称：淘宝网公司作为提供信息发布平台的服务提供商，并非网店经营者，不应承担因网店经营或商品发布、销售而引发的侵权责任。涉案图书的销售信息系淘宝网公司收到出版公司的投诉函之前由杨某在网上发布并传输的，淘宝网公司对杨某销售涉案图书是否构成侵权并不知情。淘宝网公司在收到出版公司投诉函之后，对所投诉的相关信息及时作了删除处理，并按要求提供了会员的注册资料，已经尽到了合理的注意义务，不构成对出版公司专有出版权的侵犯。请求法院驳回出版公司的诉讼请求。

法院审理后判决：杨某于判决生效之日起十日内赔偿出版公司经济损失2000元；驳回出版公司其他的诉讼请求。

 释解

淘宝网公司作为网络交易平台的提供者不同于市场内将柜台、摊位等经营场所出租给租户用以批发或者零售商品，以收取租金，并对整个市场进行经营管理的市场主体，即市场经营单位。

首先，二者涉及的商品类别不同。淘宝网涉及的商品数量巨大、类别繁多，除法律、行政法规明确禁止流通和限制流通的商品外，其他商品均可以通过网络交易平台进行流通；而现实中确定的一个市场只能根据有关部门的审批进行某些特定类别商品的流通，商品数量亦十分有限。

其次，二者涉及的卖家情况不同。网络交易平台的卖家分为个人卖家和商家卖家，其中个人卖家数量巨大、情况复杂，既有个体工商户经营也有个人销售自有物品的情况；而现实市场的卖家则必须为符合相关规定的市场经营者，卖家数量亦十分有限。

最后，二者所负的审查范围及相应的审查内容不同。淘宝网对于商家卖家的审查内容包括企业法人营业执照、营业执照、个体工商户营业执照等材料，对于个人卖家，由于目前法律、行政法规中并无具体明确的规定要求网络交易平台的提供者负有区分各种情况的义务，故仅审查个人卖家的真实姓名和身份证号码即可；而现实中的市场经营者则需对其全部的卖家审查其企业法人营业执照、营业执照、个体工商户营业执照等材料。

淘宝网公司作为网络交易平台的提供者，对作为个人卖家的杨某的真实姓名和身份证号码进行了核实。由于目前法律、行政法规中并无具体明确的规定要求网络交易平台的提供者负有区分各种情况的义务，故淘宝网公司并未要求杨某提供其具有经营资质方面的证明没有违反相关规定。淘宝网公司关于不具有审查个人卖家的法定义务和审查能力、无法界定和判断个人卖家是否具有经营目的、已尽合理的主体审查义务的主张，于法有据，法院予以支持。

淘宝网公司对于杨某注册为淘宝网个人卖家已尽合理审查义务和事后补救义务，对于杨某侵犯出版公司就涉案图书享有的专有出版权的行为并未违反法律、行政法规的规定提供便利条件，不构成共同侵权。出版公司关于淘宝网停止侵权、登报致歉、消除影响的诉讼请求，于法无据，法院不予支持。

第二节　互联网法律制度

经过十余年的蓬勃发展，互联网已成为当代中国重要的大众传播媒介之一。为了有效规范网络传播活动，我国除了将现行的法律适用于网络空间外，还针对网络传播的特点和存在的问题，制定了大量专门的行政法规、部门规章等。

一、互联网法律体系

（一）法律

就互联网来讲，我国还没有针对网络传播制定专门的法律。2000年，为了促进互联网的健康发展，维护国家安全和社会公共利益，保护个人、法人和其他组织的合法权益，全国人民代表大会常务委员会作出了《关于维护互联网安全的决定》。此外，2009年8月27日十一届全国人大常委会十次会议进行修正。该决定是最高立法机关专门制定的直接与互联网有关的最高位阶的规范性法律文件。

我国现行法律中的许多规定，都与互联网的传播活动有非常直接的关系，在网络环境下仍然适用。以刑法为例，现行刑法在制定的时候，中国的互联网还处于起步阶段，网络传播存在什么样的问题以及怎样规范网络传播行为，尚没有可以参考的经验，当时刑法考虑的主要是计算机犯罪，而不是对网络环境下的传播行为的规范，即便如此，刑法第三百六十三条规定的制作、复制、出版、贩卖、传播淫秽物品牟利罪和为他人提供书号出版淫秽书刊罪，第三百六十七条所确立的淫秽物品的范围，同样适用于网络空间的传播行为。刑法中类似的规定还很多，不一一列举。

预防未成年人犯罪法和未成年人保护法都明确禁止任何单位和个人向未成年人出售、出租含有诱发未成年人违法犯罪以及渲染暴力、色情、赌博、恐怖活动等危害未成年人身心健康内容的读物、音像制品或者电子出版物。后者还规定，向未成年人出售、出租或者以其他方式传播淫秽的图书、报刊、音像制品等出版物的，依法从重处罚。这些规定，同样适用于网络空间的传播行为。

（二）行政法规

国务院从20世纪80年代就开始制定与计算机有关的行政法规。但在1996年之前，这些行政法规涉及的主要对象并不是互联网，而是与计算机有关的软件、病毒和系统安全等问题，如《中华人民共和国计算机信息系统安全保护条例》（2011年修订），第三条规定，计算机信息系统的安全保护，应当保障计算机及其相关的和配套的设备、设施（含网络）的安全，运行环境的安全，保障信息的安全，保障计算机功能的正常发挥，以维护计算机信息系统的安全运行。

（三）部门规章

与网络传播有密切联系的规范性文件有：2000年国务院新闻办公室、信息产业部发布的《互联网站从事登载新闻业务管理暂行规定》；2004年国家食品药品监督管理局发布的《互联网药品信息服务管理办法》；2015年国家新闻出版广电总局、工业和信息化产业部联合发布的《网络出版服务管理规定》；2011年文化部修订后发布的《互联网文化管理暂行规定》；2005年国务院新闻办公室、工业和信息化部联合发布的《互联网新闻信息服务管理规定》等。

二、从事互联网传播活动的法律要求

从事互联网传播活动时，不同的主体在从事不同的传播活动的，应当遵守法律的具体规定。

（一）计算机信息网络国际联网安全保护管理

公安部计算机管理监察机构负责计算机信息网络国际联网的安全保护管理工作。公安机关计算机管理监察机构应当保护计算机信息网络国际联网的公共安全，维护从事国际联网业务的单位和个人的合法权益和公众利益。

任何单位和个人不得利用国际联网危害国家安全、泄露国家秘密，不得侵犯国家的、社会的、集体的利益和公民的合法权益，不得从事违法犯罪活动。

1. 不得利用国际联网制作、复制、查阅和传播的信息

任何单位和个人不得利用国际联网制作、复制、查阅和传播下列信息：（1）煽动抗拒、破坏宪法和法律、行政法规实施的；（2）煽动颠覆国家政权，推翻社会主义制度的；（3）煽动分裂国家、破坏国家统一的；（4）煽动民族仇恨、民族歧视，破坏民族团结的；（5）捏造或者歪曲事实，散布谣言，扰乱社会秩序的；（6）宣扬封建迷信、淫秽、色情、赌博、暴力、凶杀、恐怖，教唆犯罪的；（7）公然侮辱他人或者捏造事实诽谤他人的；（8）损害国家机关信誉的；（9）其他违反宪法和法律、行政法规的。

2. 不得从事危害计算机信息网络安全的活动

任何单位和个人不得从事下列危害计算机信息网络安全的活动：（1）未经允许，进入计算机信息网络或者使用计算机信息网络资源的；（2）未经允许，对计算机信

息网络功能进行删除、修改或者增加的；（3）未经允许，对计算机信息网络中存储、处理或者传输的数据和应用程序进行删除、修改或者增加的；（4）故意制作、传播计算机病毒等破坏性程序的；（5）其他危害计算机信息网络安全的。

用户的通信自由和通信秘密受法律保护。任何单位和个人不得违反法律规定，利用国际联网侵犯用户的通信自由和通信秘密。

（二）电信业务

1. 电信业务经营者在电信服务和电信业务中不得实施的行为。

电信条例中明确规定了电信业务经营者和用户之间的权利义务关系，其中第四十条和第四十一条规定了电信业务经营者在电信服务和电信业务中，不得实施的行为。

电信业务经营者在电信服务中，不得有下列行为：（1）以任何方式限定电信用户使用其指定的业务；（2）限定电信用户购买其指定的电信终端设备或者拒绝电信用户使用自备的已经取得入网许可的电信终端设备；（3）无正当理由拒绝、拖延或者中止对电信用户的电信服务；（4）对电信用户不履行公开作出的承诺或者作容易引起误解的虚假宣传；（5）以不正当手段刁难电信用户或者对投诉的电信用户打击报复。

电信业务经营者在电信业务经营活动中，不得有下列行为：（1）以任何方式限制电信用户选择其他电信业务经营者依法开办的电信服务；（2）对其经营的不同业务进行不合理的交叉补贴；（3）以排挤竞争对手为目的，低于成本提供电信业务或者服务，进行不正当竞争。

2. 不得实施危害电信网络安全、信息安全和电信市场秩序的行为。

电信条例第五十七条和第五十八条规定任何人或组织都不得实施危害电信网络安全、信息安全和电信市场秩序的行为。

任何组织或者个人不得利用电信网络制作、复制、发布、传播含有下列内容的信息：（1）反对宪法所确定的基本原则的；（2）危害国家安全，泄露国家秘密，颠覆国家政权，破坏国家统一的；（3）损害国家荣誉和利益的；（4）煽动民族仇恨、民族歧视，破坏民族团结的；（5）破坏国家宗教政策，宣扬邪教和封建迷信的；（6）散布谣言，扰乱社会秩序，破坏社会稳定的；（7）散布淫秽、色情、赌博、暴力、凶杀、恐怖或者教唆犯罪的；（8）侮辱或者诽谤他人，侵害他人合法权益的；（9）含有法律、行政法规禁止的其他内容的。

任何组织或者个人不得有下列危害电信网络安全和信息安全的行为：（1）对电信网的功能或者存储、处理、传输的数据和应用程序进行删除或者修改；（2）利用电信网从事窃取或者破坏他人信息、损害他人合法权益的活动；（3）故意制作、复制、传播计算机病毒或者以其他方式攻击他人电信网络等电信设施；（4）危害电信网络安全和信息安全的其他行为。

任何组织或者个人不得有下列扰乱电信市场秩序的行为：（1）采取租用电信国际专线、私设转接设备或者其他方法，擅自经营国际或者香港特别行政区、澳门特别行政区和台湾地区电信业务；（2）盗接他人电信线路，复制他人电信码号，使用明知是盗接、复制的电信设施或者码号；（3）伪造、变造电话卡及其他各种电信服务有价凭证；（4）以虚假、冒用的身份证件办理入网手续并使用移动电话。

（三）互联网信息服务

根据互联网信息服务管理办法规定，互联网信息服务提供者应当在其网站主页的显著位置标明其经营许可证编号或者备案编号。

互联网信息服务提供者应当向上网用户提供良好的服务，并保证所提供的信息内容合法。

从事新闻、出版以及电子公告等服务项目的互联网信息服务提供者，应当记录提供的信息内容及其发布时间、互联网地址或者域名；互联网接入服务提供者应当记录上网用户的上网时间、用户账号、互联网地址或者域名、主叫电话号码等信息。

互联网信息服务提供者和互联网接入服务提供者的记录备份应当保存60日，并在国家有关机关依法查询时，予以提供。

（四）互联网登载新闻业务

1. 互联网新闻信息服务管理规定的禁载内容

互联网信息服务提供者不得制作、复制、发布、传播含有下列内容的信息：（1）反对宪法所确定的基本原则的；（2）危害国家安全，泄露国家秘密，颠覆国家政权，破坏国家统一的；（3）损害国家荣誉和利益的；（4）煽动民族仇恨、民族歧视，破坏民族团结的；（5）破坏国家宗教政策，宣扬邪教和封建迷信的；（6）散布谣言，扰乱社会秩序，破坏社会稳定的；（7）散布淫秽、色情、赌博、暴力、凶杀、恐怖或者教唆犯罪的；（8）侮辱或者诽谤他人，侵害他人合法权益的；（9）含有法律、行政法规禁止的其他内容的。

2. 新闻信息内容管理制度

互联网新闻信息服务单位应当建立新闻信息内容管理责任制度。不得登载、发送违法的新闻信息；发现提供的时政类电子公告服务中含有违法内容，应当立即删除，保存有关记录，并在有关部门依法查询时予以提供。

互联网新闻信息服务单位应当记录所登载、发送的新闻信息内容及其时间、互联网地址，记录备份应当至少保存60日。

（五）互联网出版

从事互联网出版活动应当遵守宪法和有关法律、法规，坚持为人民服务、为社会主义服务的方向，传播和积累一切有益于提高民族素质、推动经济发展、促进社会进步的思想道德、科学技术和文化知识，丰富人民的精神生活。

互联网出版机构出版涉及国家安全、社会安定等方面的重大选题，应当依照重大选题备案的规定，报国家新闻出版广电总局备案。未经备案的重大选题，不得出版。

以未成年人为对象的互联网出版内容不得含有诱发未成年人模仿违反社会公德的行为和违法犯罪的行为的内容，以及恐怖、残酷等妨害未成年人身心健康的内容。

网络游戏上网出版前，必须向所在地省、自治区、直辖市出版行政主管部门提出申请，经审核同意后，报国家新闻出版广电总局审批。

互联网出版的内容不真实或不公正，致使公民、法人或者其他组织合法利益受到侵害的，互联网出版机构应当公开更正，消除影响，并依法承担民事责任；互联网出版机构应当记录备份所登载或者发送的作品内容及其时间、互联网地址或者域名，记录备份应当保存60日，并在国家有关部门依法查询时，予以提供。

（六）法律责任

2000年12月28日九届全国人大常委会十九次会议通过《全国人民代表大会常务委员会关于维护互联网安全的决定》，并于2009年8月27日进行了修正，重申了现行刑法规定的若干罪名同样适用于互联网。

我国的互联网，在国家大力倡导和积极推动下，在经济建设和各项事业中得到日益广泛的应用，使人们的生产、工作、学习和生活方式已经开始并将继续发生深刻的变化，对于加快我国国民经济、科学技术的发展和社会服务信息化进程具有重要作用。同时，如何保障互联网的运行安全和信息安全问题已经引起全社会的普遍关注。为了兴利除弊，促进我国互联网的健康发展，维护国家安全和社会公共利益，保护个人、法人和其他组织的合法权益，特作如下决定：

1. 刑事责任

为了保障互联网的运行安全，对有下列行为之一，构成犯罪的，依照刑法有关规定追究刑事责任：（1）侵入国家事务、国防建设、尖端科学技术领域的计算机信息系统；（2）故意制作、传播计算机病毒等破坏性程序，攻击计算机系统及通信网络，致使计算机系统及通信网络遭受损害；（3）违反国家规定，擅自中断计算机网络或者通信服务，造成计算机网络或者通信系统不能正常运行。

为了维护国家安全和社会稳定，对有下列行为之一，构成犯罪的，依照刑法有关规定追究刑事责任：（1）利用互联网造谣、诽谤或者发表、传播其他有害信息，煽动颠覆国家政权、推翻社会主义制度，或者煽动分裂国家、破坏国家统一；（2）通过互联网窃取、泄露国家秘密、情报或者军事秘密；（3）利用互联网煽动民族仇恨、民族歧视，破坏民族团结；（4）利用互联网组织邪教组织、联络邪教组织成员，破坏国家法律、行政法规实施。

为了维护社会主义市场经济秩序和社会管理秩序，对有下列行为之一，构成犯罪的,依照刑法有关规定追究刑事责任:(1)利用互联网销售伪劣产品或者对商品、服务作虚假宣传;(2)利用互联网损坏他人商业信誉和商品声誉;(3)利用互联网侵犯他人知识产权;(4)利用互联网编造并传播影响证券、期货交易或者其他扰乱金融秩序的虚假信息;(5)在互联网上建立淫秽网站、网页,提供淫秽站点链接服务,或者传播淫秽书刊、影片、音像、图片。

为了保护个人、法人和其他组织的人身、财产等合法权利,对有下列行为之一,构成犯罪的,依照刑法有关规定追究刑事责任:(1)利用互联网侮辱他人或者捏造事实诽谤他人;(2)非法截获、篡改、删除他人电子邮件或者其他数据资料,侵犯公民通信自由和通信秘密;(3)利用互联网进行盗窃、诈骗、敲诈勒索。

2.行政责任

利用互联网实施违法行为,违反社会治安管理,尚不构成犯罪的,由公安机关依照《治安管理处罚法》予以处罚;违反其他法律、行政法规,尚不构成犯罪的,由有关行政管理部门依法给予行政处罚;对直接负责的主管人员和其他直接责任人员,依法给予行政处分或者纪律处分。

3.民事责任

利用互联网侵犯他人合法权益,构成民事侵权的,依法承担民事责任。

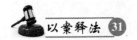 以案释法 31

通信公司是否应为网络侵权行为承担责任

原告中国音乐著作权协会受曲作者苏某委托,管理音乐作品《风采》的公开表演权、广播权、录制发行权和信息网络传播权。被告某网站在其"铃声传情"栏目服务中,擅自将歌曲《风采》提供给移动电话用户作为音乐振铃下载使用;被告某移动通信公司在向移动电话用户提供有偿信息服务时,使移动电话用户可以随意下载该歌曲。二被告的上述商业性行为,构成了对《风采》曲作者著作权的侵害。原告提出:二被告立即停止使用音乐作品《风采》,公开赔礼道歉,共同赔偿经济损失113182.5元,并赔偿原告为制止侵权行为所花费的合理支出6300元。

被告某网站辩称:原告提供的证据无法证明苏某就是《风采》歌曲的著作权人。由于移动通信公司已收取一定数额的服务费和不均衡通信费,故不能以网站中显示的歌曲点击数量作为其公司收益的根据。原告要求网站按盈利的五倍赔偿其损失,没有法律依据。

被告某移动通信公司辩称:公司作为电信运营商,在移动通信服务中仅起传输管道的作用,没有侵权的过错,原告要求承担侵权责任,没有法律依据。

法院经审理后判决:该网站立即停止在互联网上向公众传播歌曲《风采》;网站

于判决生效后10日内向中国音乐著作权协会支付赔偿费1万元、公证费 1300元、驳回中国音乐著作权协会其他诉讼请求。

 释解

根据著作权法第十条的规定，著作权人享有作品的信息网络传播权，即通过互联网或其他有线或者无线的信息传输网络向公众提供作品的权利，未经许可，将他人的作品上网传播、供人使用的行为构成对著作权人的信息网络传播权的侵害。网站未经许可，将音乐作品《风采》直接收录进栏目中公开展示，并有偿向移动电话用户提供下载使用服务的行为，构成了对著作权人信息网络传播权的侵犯，应承担停止侵害、赔偿损失的民事责任。

在本案中，移动通信公司为网站提供网络信息传送的服务是技术性的和被动的，只是为接收网站发送的信息及向移动电话用户发送该信息提供基础性的技术连接服务，实现从移动电话到互联网或者从互联网到移动电话的双向沟通。在提供该项网络信息的连接服务时，移动通信公司所接收的信息是由网站发布的，移动通信公司在接收和发送信息过程中，所传送的信息始终处于二进制编码状态，移动通信公司无法对其传送的信息内容进行筛选，也无法对其中的某一信息单独予以删除，且移动通信公司在向移动通信的客户和网络公司提供传送服务时，对具体的传送信息内容并不负有审查的责任，实际上亦无法进行审查，故在主观上对侵权结果的发生，不存在法律上的过错，要求其承担共同侵权责任，缺乏法律依据。因此，移动通信公司的行为不构成对歌曲《风采》著作权的侵害。

附录

中共中央 国务院转发《中央宣传部、司法部关于在公民中开展法治宣传教育的第七个五年规划（2016—2020年）》的通知

各省、自治区、直辖市党委和人民政府，中央和国家机关各部委，解放军各大单位、中央军委机关各部门，各人民团体：

《中央宣传部、司法部关于在公民中开展法治宣传教育的第七个五年规划（2016—2020年）》（以下简称"七五"普法规划）已经中央同意，现转发给你们，请结合实际认真贯彻执行。

全民普法和守法是依法治国的长期基础性工作。深入开展法治宣传教育，是贯彻落实党的十八大和十八届三中、四中、五中全会精神的重要任务，是实施"十三五"规划、全面建成小康社会的重要保障。各级党委和政府要把法治宣传教育纳入当地经济社会发展规划，进一步健全完善党委领导、人大监督、政府实施的法治宣传教育工作领导体制，确保"七五"普法规划各项目标任务落到实处。要坚持把领导干部带头学法、模范守法作为树立法治意识的关键，完善国家工作人员学法用法制度，把法治观念强不强、法治素养好不好作为衡量干部德才的重要标准，把能不能遵守法律、依法办事作为考察干部的重要内容，切实提高领导干部运用法治思维和法治方式深化改革、推动发展、化解矛盾、维护稳定的能力。坚持从青少年抓起，把法治教育纳入国民教育体系，引导青少年从小掌握法律知识、树立法治意识、养成守法习惯。要坚持法治宣传教育与法治实践相结合，深化基层组织和部门、行业依法治理，深化法治城市、法治县（市、区）等法治创建活动，全面提高全社会法治化治理水平。要推进法治教育与道德教育相结合，促进实现法律和道德相辅相成、法治和德治相得益彰。要健全普法宣传教育机制，实行国家机关"谁执法谁普法"的普法责任制，健全媒体公益普法制度，推进法治宣传教育工作创新，不断增强法治宣传教育的实效。要通过深入开展法治宣传教育，传播法律知识，弘扬法治精神，建设法治文化，充分发挥法治宣传教育在全面依法治国中的基础作用，推动全社会树立法治意识，为顺利实施"十三五"规划、全面建成小康社会营造良好的法治环境。

中共中央 国务院

2016年3月25日

中央宣传部、司法部关于
在公民中开展法治宣传教育的第七个
五年规划（2016—2020年）

在党中央、国务院正确领导下，全国第六个五年法制宣传教育规划（2011—2015年）顺利实施完成，法治宣传育工作取得显著成效。以宪法为核心的中国特色社会主义法律体系得到深入宣传，法治宣传教育主题活动广泛开展，多层次多领域依法治理不断深化，法治创建活动全面推进，全社会法治观念明显增强，社会治理法治化水平明显提高，法治宣传教育在建设社会主义法治国家中发挥了重要作用。

党的十八大以来，以习近平同志为总书记的党中央对全面依法治国作出了重要部署，对法治宣传教育提出了新的更高要求，明确了法治宣传教育的基本定位、重大任务和重要措施。十八届三中全会要求"健全社会普法教育机制"；十八届四中全会要求"坚持把全民普法和守法作为依法治国的长期基础性工作，深入开展法治宣传教育"；十八届五中全会要求"弘扬社会主义法治精神，增强全社会特别是公职人员尊法学法守法用法观念，在全社会形成良好法治氛围和法治习惯"。习近平总书记多次强调"领导干部要做尊法学法守法用法的模范"，要求法治宣传教育"要创新宣传形式，注重宣传实效"，为法治宣传教育工作指明了方向，提供了基本遵循。与新形势新任务的要求相比，有的地方和部门对法治宣传教育重要性的认识还不到位，普法宣传教育机制还不够健全，实效性有待进一步增强。深入开展法治宣传教育，增强全民法治观念，对于服务协调推进"四个全面"战略布局和"十三五"时期经济社会发展，具有十分重要的意义。为做好第七个五年法治宣传教育工作，制定本规划。

一、指导思想、主要目标和工作原则

第七个五年法治宣传教育工作的指导思想是：高举中国特色社会主义伟大旗帜，全面贯彻党的十八大和十八届三中、四中、五中全会精神，以马克思列宁主义、毛泽东思想、邓小平理论、"三个代表"重要思想、科学发展观为指导，深入贯彻习近平总书记系列重要讲话精神，坚持"四个全面"战略布局，坚持创新、协调、绿色、开放、共享的发展理念，按照全面依法治国新要求，深入开展法治宣传教育，扎实推进依法治理和法治创建，弘扬社会主义法治精神，建设社会主义法治文化，推进法治宣传教育与法治实践相结合，健全普法宣传教育机制，推动工作创新，充分发挥法治宣传教育在全面依法治国中的基础作用，推动全社会树立法治意识，为"十三五"时期经济社会发展营造良好法治环境，为实现"两个一百年"奋斗目标和中华民族伟大复兴的中国梦作出新的贡献。

第七个五年法治宣传教育工作的主要目标是：普法宣传教育机制进一步健全，法治宣传教育实效性进一步增强，依法治理进一步深化，全民法治观念和全体党员党章党规意识明显增强，全社会厉行法治的积极性和主动性明显提高，形成守法光荣、违法可耻的社会氛围。

第七个五年法治宣传教育工作应遵循以下原则：

——坚持围绕中心，服务大局。围绕党和国家中心工作开展法治宣传教育，更好地服务协调推进"四个全面"战略布局，为全面实施国民经济和社会发展"十三五"规划营造良好法治环境。

——坚持依靠群众，服务群众。以满足群众不断增长的法治需求为出发点和落脚点，以群众喜闻乐见、易于接受的方式开展法治宣传教育，增强全社会尊法学法守法用法意识，使国家法律和党内法规为党员群众所掌握、所遵守、所运用。

——坚持学用结合，普治并举。坚持法治宣传教育与依法治理有机结合，把法治宣传教育融入立法、执法、司法、法律服务和党内法规建设活动中，引导党员群众在法治实践中自觉学习、运用国家法律和党内法规，提升法治素养。

——坚持分类指导，突出重点。根据不同地区、部门、行业及不同对象的实际和特点，分类实施法治宣传教育。突出抓好重点对象，带动和促进全民普法。

——坚持创新发展，注重实效。总结经验，把握规律，推动法治宣传教育工作理念、机制、载体和方式方法创新，不断提高法治宣传教育的针对性和时效性，力戒形式主义。

二、主要任务

（一）深入学习宣传习近平总书记关于全面依法治国的重要论述。党的十八大以来，习近平总书记站在坚持和发展中国特色社会主义全局的高度，对全面依法治国作了重要论述，提出了一系列新思想、新观点、新论断、新要求，深刻回答了建设社会主义法治国家的重大理论和实践问题，为全面依法治国提供了科学理论指导和行动指南。要深入学习宣传习近平总书记关于全面依法治国的重要论述，增强走中国特色社会主义道路的自觉性和坚定性，增强全社会厉行法治的积极性和主动性。深入学习宣传以习近平同志为总书记的党中央关于全面依法治国的重要部署，宣传科学立法、严格执法、公正司法、全民守法和党内法规建设的生动实践，使全社会了解和掌握全面依法治国的重大意义和总体要求，更好地发挥法治的引领和规范作用。

（二）突出学习宣传宪法。坚持把学习宣传宪法摆在首要位置，在全社会普遍开展宪法教育，弘扬宪法精神，树立宪法权威。深入宣传依宪治国、依宪执政等理念，宣传党的领导是宪法实施的最根本保证，宣传宪法确立的国家根本制度、根本任务和我国的国体、政体，宣传公民的基本权利和义务等宪法基本内容，宣传宪法的实施，实行宪法宣誓制度，认真组织好"12·4"国家宪法日集中宣传活动，推动宪法家喻户晓、深入人心，提高全体公民特别是各级领导干部和国家机关工作人员的宪法意识，教育引导一切组织和个人都必须以宪法为根本活动准则，增强宪法观念，坚决维护宪法尊严。

（三）深入宣传中国特色社会主义法律体系。坚持把宣传以宪法为核心的中国特色社会主义法律体系作为法治宣传教育的基本任务，大力宣传宪法相关法、民法商法、行政法、经济法、社会法、刑法、诉讼与非诉讼程序法等多个法律部门的法律法规。大力宣传社会主义民主政治建设的法律法规，提高人民有序参与民主政治的意识和水平。大力宣传保障公民基本权利的法律法规，推动全社会树立尊重和保障人权意识，促进公民权利保障法治化。大力宣传依法行政领域的法律法规，推动各级行政机关树立"法定职责必须为、法无授权不可为"的意识，促进法治政府建设。大力宣传市场经济领域的法律法规，推动全社会树立保护产权、平等交换、公平竞争、诚实信用等意识，促进大众创业、万众创新，促进经济在新常态下平稳健康运行。大力宣传有利于激发文化创造活力、保障人民基本文化权益的相关法律法规，促进社会主义精神文明建设。大力宣传教育、就业、收入分配、社会保障、医疗卫生、食品安全、扶贫、慈善、社会救助和妇女儿童、老年人、残疾人合法权益保护等方面法律法规，促进保障和改善民生。大力宣传国家安全和公共安全领域的法律法规，提高全民安全意识、风险意识和预防能力。大力宣传国防法律法规，提高全民国防观念，促进国防建设。大力宣传党的民族、宗教政策和相关法律法规，维护民族地区繁荣稳定，促进民族关系、宗教关系和谐。大力宣传环境保护、资源能源节约利用等方面的法律法规，推动美丽中国建设。大力宣传互联网领域的法律法规，教育引导网民依法规范网络行为，促进形成网络空间良好秩序。大力宣传诉讼、行政复议、仲裁、调解、信访等方面的法律法规，引导群众依法表达诉求、维护权利，促进社会和谐稳定。在传播法律知识的同时，更加注重弘扬法治精神、培育法治理念、树立法治意识，大力宣传宪法法律至上、法律面前人人平等、权由法定、权依法使等基本法治理念，破除"法不责众"、"人情大于国法"等错误认识，引导全民自觉守法、遇事找法、解决问题靠法。

（四）深入学习宣传党内法规。适应全面从严治党、依规治党新形势新要求，切实加大党内法规宣传力度。突出宣传党章，教育引导广大党员尊崇党章，以党章为根本遵循，坚决维护党章权威。大力宣传《中国共产党廉洁自律准则》、《中国共产党纪律处分条例》等各项党内法规，注重党内法规宣传与国家法律宣传的衔接和协调，坚持纪在法前、纪严于法，把纪律和规矩挺在前面，教育引导广大党员做党章党规党纪和国家法律的自觉尊崇者、模范遵守者、坚定捍卫者。

（五）推进社会主义法治文化建设。以宣传法律知识、弘扬法治精神、推动法治实践为主旨，积极推进社会主义法治文化建设，充分发挥法治文化的引领、熏陶作用，使人民内心拥护和真诚信仰法律。把法治文化建设纳入现代公共文化服务体系，推动法治文化与地方文化、行业文化、企业文化融合发展。繁荣法治文化作品创作推广，把法治文化作品纳入各级文化作品评奖内容，纳入艺术、出版扶持和奖励基金内容，培育法治文化精品。利用重大纪念日、民族传统节日等契机开展法治文化活动，组织开展法治文艺展演展播、法治文艺演出下基层等活动，满足人民群众日益增长的法治文化需求。把法治元素纳入城乡建设规划设计，加强基层法治文化公共设施建设。

（六）推进多层次多领域依法治理。坚持法治宣传教育与法治实践相结合，把法律条文变成引导、保障经济社会发展的基本规则，深化基层组织和部门、行业依法治理，深化法治城市、法治县（市、区）等法治创建活动，提高社会治理法治化水平。深入开展民主法治示范村（社区）创建，进一步探索乡村（社区）法律顾问制度，教育引导基层群众自我约束、自我管理。发挥市民公约、乡规民约、行业规章、团体章程等社会规范在社会治理中的积极作用，支持行业协会商会类社会组织发挥行业自律和专业服务功能，发挥社会组织对其成员的行为导引、规则约束、权益维护作用。

（七）推进法治教育与道德教育相结合。坚持依法治国和以德治国相结合的基本原则，以法治体现道德理念，以道德滋养法治精神，促进实现法律和道德相辅相成、法治和德治相得益彰。大力弘扬社会主义核心价值观，弘扬中华传统美德，培育社会公德、职业道德、家庭美德、个人品德，提高全民族思想道德水平，为全面依法治国创造良好人文环境。强化规则意识，倡导契约精神，弘扬公序良俗，引导人们自觉履行法定义务、社会责任、家庭责任。发挥法治在解决道德领域突出问题中的作用，健全公民和组织守法信用记录，完善守法诚信褒奖机制和违法失信行为惩戒机制。

三、对象和要求

法治宣传教育的对象是一切有接受教育能力的公民，重点是领导干部和青少年。

坚持把领导干部带头学法、模范守法作为树立法治意识的关键。完善国家工作人员学法用法制度，把宪法法律和党内法规列入党委（党组）中心组学习内容，列为党校、行政学院、干部学院、社会主义学院必修课；把法治教育纳入干部教育培训总体规划，纳入国家工作人员初任培训、任职培训的必训内容，在其他各类培训课程中融入法治教育内容，保证法治培训课时数量和培训质量，切实提高领导干部运用法治思维和法治方式深化改革、推动发展、化解矛盾、维护稳定的能力。加强党章和党内法规学习教育，引导党员领导干部增强党章党规党纪意识，严守政治纪律和政治规矩，在廉洁自律上追求高标准，自觉远离违纪红线。健全日常学法制度，创新学法形式，拓宽学法渠道。健全完善重大决策合法性审查机制，积极推行法律顾问制度，各级党政机关和人民团体普遍设立公职律师，企业可设立公司律师。把尊法学法守法用法情况作为考核领导班子和领导干部的重要内容，领导班子和领导干部在年度考核职中进行述法。把法治观念强不强、法治素养好不好作为衡量干部德才的重要标准，把能不能遵守法律、依法办事作为考察干部的重要内容。

坚持从青少年抓起。切实把法治教育纳入国民教育体系，制定和实施青少年法治教育大纲，在中小学设立法治知识课程，确保在校学生都能得到基本法治知识教育。完善中小学法治课教材体系，编写法治教育教材、读本，地方可将其纳入地方课程义务教育免费教科书范围，在小学普及宪法基本常识，在中、高考中增加法治知识内容，使青少年从小树立宪法意识和国家意识。将法治教育纳入"中小学幼儿园教师国家级培训计划"，加强法治课教师、分管法治教育副校长、法治辅导员培训。充分利用第二课堂和社会实践活动开展青少年法治教育，在开学第一课、毕业仪式中有机融入法治教育内容。加强对高等院校学生的法治教育，增强其法治观念和参与法治实践的能力。强化学校、家庭、社会"三位一体"的青少年法治教育格局，加强青少年法治教育实践基地建设和网络建设。

各地区各部门要根据实际需要，从不同群体的特点出发，因地制宜开展有特色的法治宣传教育。突出加强对企业经营管理人员的法治宣传教育，引导他们树立诚信守法、爱国敬业意识，提高依法经营、依法管理能力。加强对农民工等群体的法治宣传教育，帮助、引导他们依法维权，自觉运用法律手段解决矛盾纠纷。

四、工作措施

第七个法治宣传教育五年规划从2016年开始实施，至2020年结束。各地区各部门要根据本规划，认真制定本地区本部门规划，深入宣传发动，全面组织实施，确保第七个五年法治宣传教育规划各项目标任务落到实处。

（一）健全普法宣传教育机制。各级党委和政府要加强对普法工作的领导，宣传、文化、教育部门和人民团体要在普法教育中发挥职能作用。把法治教育纳入精神文明创建内容，开展群众性法治文化活动。人民团体、社会组织要在法治宣传教育中发挥积极作用，健全完善普法协调协作机制，根据各自特点和实际需要，有针对性地组织开展法治宣传教育活动。积极动员社会力量开展法治宣传教育，加强各级普法讲师团建设，选聘优秀法律和党内法规人才充实普法讲师团队伍，组织开展专题法治宣讲活动，充分发挥讲师团在普法工作中的重要作用。鼓励引导司法和行政执法人员、法律服务人员、大专院校法律专业师生加入普法志愿者队伍，畅通志愿者服务渠道，健全完善管理制度，培育一批普法志愿者优秀团队和品牌活动，提高志愿者普法宣传水平。加强工作考核评估，建立健全法治宣传教育工作考评指导标准和指标体系，完善考核办法和机制，注重考核结果的运用。健全激励机制，认真开展"七五"普法中期检查和总结验收，加强法治宣传教育先进集体、先进个人表彰工作。围绕贯彻中央关于法治宣传教育的总体部署，健全法治宣传教育工作基础制度，加强地方法治宣传教育条例制定和修订工作，制定国家法治宣传教育法。

（二）健全普法责任制。实行国家机关"谁执法谁普法"的普法责任制，建立普法责任清单制度。建立法官、检察官、行政执法人员、律师等以案释法制度，在执法司法实践中广泛开展以案释法和警示教育，使案件审判、行政执法、纠纷调解和法律服务的过程成为向群众弘扬法治精神的过程。加强司法、行政执法案例整理编辑工作，推动相关部门面向社会公众建立司法、行政执法典型案例发布制度。落实"谁主管谁负责"的普法责任，各行业、各单位要在管理、服务过程中，结合行业特点和特定群体的法律需求，开展法治宣传教育。健全媒体公益普法制度，广播电视、报纸期刊、互联网和手机媒体等大众传媒要自觉履行普法责任，在重要版面、重要时段制作刊播普法公益广告，开设法治讲堂，针对社会热点和典型案（事）例开展及时权威的法律解读，积极引导社会法治风尚。各级党组织要坚持全面从严治党、依规治党，切实履行学习宣传党内法规的职责，把党内法规作为学习型党组织建设的重要内容，充分发挥正面典型倡导和反面案例警示作用，为党内法规的贯彻实施营造良好氛围。

（三）推进法治宣传教育工作创新。创新工作理念，坚持服务党和国家工作大局、服务人民群众生产生活，努力培育全社会法治信仰，增强法治宣传教育工作实效。针对受众心理，创新方式方法，坚持集中法治宣传教育与经常性法治宣传教育相结合，深化法律进机关、进乡村、进社区、进学校、进企业、进单位的"法律六进"主题活动，完善工作标准，建立长效机制。创新载体阵地，充分利用广场、公园等公共场所开展法治宣传教育，有条件的地方建设宪法法律教育中心。在政府机关、社会服务机构的服务大厅和服务窗口增加法治宣传教育功能。积极运用公共活动场所电子显示屏、服务窗口触摸屏、公交移动电视屏、手机屏等，推送法治宣传教育内容。充分运用互联网传播平台，加强新媒体新技术在普法中的运用，推进"互联网＋法治宣传"行动。开展新媒体普法益民服务，组织新闻网络开展普法宣传，更好地运用微信、微博、微电影、客户端开展普法活动。加强普法网站和普法网络集群建设，建设法治宣传教育云平台，实现法治宣传教育公共数据资源开放和共享。适应我国对外开放新格局，加强对外法治宣传工作。

五、组织领导

（一）切实加强领导。各级党委和政府要把法治宣传教育纳入当地经济社会发展规划，定期听取法治宣传教育工作情况汇报，及时研究解决工作中的重大问题，把法治宣传教育纳入综合绩效考核、综治考核和文明创建考核内容。各级人大要加强对法治宣传教育工作的日常监督和专项检查。健全完善党委领导、人大监督、政府实施的法治宣传教育工作领导体制，加强各级法治宣传教育工作组织机构建设。高度重视基层法治宣传教育队伍建设，切实解决人员配备、基本待遇、工作条件等方面的实际问题。

（二）加强工作指导。各级法治宣传教育领导小组每年要将法治宣传教育工作情况向党委（党组）报告，并报上级法治宣传教育工作领导小组。加强沟通协调，充分调动各相关部门的积极性，发挥各自优势，形成推进法治宣传教育工作创新发展的合力。结合各地区各部门工作实际，分析不同地区、不同对象的法律需求，区别对待、分类指导，不断增强法治宣传教育的针对性。坚持问题导向，深入基层、深入群众调查研究，积极解决问题，努力推进工作。认真总结推广各地区各部门开展法治宣传教育的好经验、好做法，充分发挥先进典型的示范和带动作用，推进法治宣传教育不断深入。

（三）加强经费保障。各地区要把法治宣传教育相关工作经费纳入本级财政预算，切实予以保障，并建立动态调整机制。把法治宣传教育列入政府购买服务指导性目录。积极利用社会资金开展法治宣传教育。

中国人民解放军和中国人民武装警察部队的第七个五年法治宣传教育工作，参照本规划进行安排部署。

全国人民代表大会常务委员会
关于开展第七个五年法治宣传教育的决议

（2016年4月28日第十二届全国人民代表大会常务委员会
第二十次会议通过）

2011年至2015年，我国法治宣传教育第六个五年规划顺利实施，法治宣传教育在服务经济社会发展、维护社会和谐稳定、建设社会主义法治国家中发挥了重要作用。为深入学习宣传习近平总书记关于全面依法治国的重要论述，全面推进依法治国，顺利实施"十三五"规划，全面建成小康社会，推动全体公民自觉尊法学法守法用法，推进国家治理体系和治理能力现代化建设，从2016年至2020年在全体公民中开展第七个五年法治宣传教育，十分必要。通过开展第七个五年法治宣传教育，使全社会法治观念明显增强，法治思维和依法办事能力明显提高，形成崇尚法治的社会氛围。特作决议如下：

一、突出学习宣传宪法。坚持把学习宣传宪法摆在首要位置，在全社会普遍开展宪法宣传教育，重点学习宣传宪法确立的我国的国体、政体、基本政治制度、基本经济制度、公民的基本权利和义务等内容，弘扬宪法精神，树立宪法权威。实行宪法宣誓制度，组织国家工作人员在宪法宣誓前专题学习宪法。组织开展"12·4"国家宪法日集中宣传活动，教育引导一切组织和个人以宪法为根本活动准则。

二、深入学习宣传国家基本法律。坚持把学习宣传宪法相关法、民法商法、行政法、经济法、社会法、刑法、诉讼与非诉讼程序法等法律法规的基本知识，作为法治宣传教育的基本任务，结合学习贯彻创新、协调、绿色、开放、共享发展理念，加强对相关法律法规的宣传教育。在全社会树立宪法法律至上、法律面前人人平等、权由法定、权依法使等基本法治理念。

三、推动全民学法守法用法。一切有接受教育能力的公民都要接受法治宣传教育。坚持把全民普法和守法作为依法治国的长期基础性工作，加强农村和少数民族地区法治宣传教育，以群众喜闻乐见、易于接受的方式开展法治宣传教育，引导公民努力学法、自觉守法、遇事找法、解决问题靠法，增强全社会厉行法治的积极性、主动性和自觉性。大力弘扬法治精神，培育法治理念，树立法治意识，共同维护法律的权威和尊严。

四、坚持国家工作人员带头学法守法用法。坚持把各级领导干部带头学法、模范守法、严格执法作为全社会树立法治意识的关键。健全国家工作人员学法用法制度，将法治教育纳入干部教育培训总体规划。坚持把依法办事作为检验国家工作人员学法用法的重要标准，健全重大决策合法性审查机制，推行政府法律顾问制度，推动行政机关依法行政，促进司法机关公正司法。坚持把尊法学法守法用法情况作为考核领导班子和领导干部的重要内容。

五、切实把法治教育纳入国民教育体系。坚持从青少年抓起，制定青少年法治教育大纲，设立法治知识课程，完善法治教材体系，强化学校、家庭、社会"三位一体"的青少年法治教育格局，加强青少年法治教育实践基地建设，增强青少年的法治观念。

六、推进社会主义法治文化建设。把法治文化建设纳入现代公共文化服务体系，繁荣法治文化作品创作推广，广泛开展群众性法治文化活动。大力弘扬社会主义核心价值观，推动法治教育与道德教育相结合，促进法律的规范作用和道德的教化作用相辅相成。健全公民和组织守法信用记录，建立和完善学法用法先进集体、先进个人宣传表彰制度。

七、推进多层次多领域依法治理。坚持法治宣传教育与法治实践相结合，把法律规定变成引领保障经济社会发展的基本规范。深化基层组织和部门、行业依法治理，深入开展法治城市、法治县（市、区）、民主法治示范村（社区）等法治创建活动，提高社会治理法治化水平。

八、推进法治宣传教育创新。遵循现代传播规律，推进法治宣传教育工作理念、方式方法、载体阵地和体制机制等创新。结合不同地区、不同时期、不同群体的特点和需求，分类实施法治宣传教育，提高法治宣传教育的针对性和实效性，力戒形式主义。充分发挥报刊、广播、电视和新媒体新技术等在普法中的作用，推进互联网＋法治宣传教育行动。建立法官、检察官、行政执法人员、律师等以案释法制度，充分运用典型案例，结合社会热点，开展生动直观的法治宣传教育。加强法治宣传教育志愿者队伍建设。深化法律进机关、进乡村、进社区、进学校、进企业、进单位等活动。

九、健全普法责任制。一切国家机关和武装力量、各政党和各人民团体、企业事业组织和其他社会组织都要高度重视法治宣传教育工作，按照"谁主管谁负责"的原则，认真履行普法责任。实行国家机关"谁执法谁普法"的普法责任制，建立普法责任清单制度。健全媒体公益普法制度，落实各类媒体的普法责任，在重要频道、重要版面、重要时段开展公益普法。把法治宣传教育纳入当地经济社会发展规划，进一步健全完善党委领导、人大监督、政府实施、部门各负其责、全社会共同参与的法治宣传教育工作体制机制。

　　十、加强组织实施和监督检查。各级人民政府要积极开展第七个五年法治宣传教育工作，强化工作保障，做好中期检查和终期评估，并向本级人民代表大会常务委员会报告。各级人民代表大会及其常务委员会要充分运用执法检查、听取和审议工作报告以及代表视察、专题调研等形式，加强对法治宣传教育工作的监督检查，保证本决议得到贯彻落实。